14,00

O Super-Homem de Massa

Coleção Debates
Dirigida por J. Guinsburg

Equipe de realização – Tradução: Pérola de Carvalho; Revisão de provas: Pérola Carvalho e Ricardo W. Neves; Produção: Ricardo W. Neves e Sylvia Chamis.

umberto eco
O SUPER-HOMEM DE MASSA

RETÓRICA E IDEOLOGIA NO
ROMANCE POPULAR

EDITORA PERSPECTIVA

Título do original em italiano
Il Superuomo di Massa (Retorica e Ideologia nel Romanzo Popolare)

© 1978 Casa editrice Valentino Bompiani & C.S.p.A

Debates 238

Direitos em língua portuguesa reservados à
EDITORA PERSPECTIVA S.A.
Avenida Brigadeiro Luís Antônio, 3025
01401 – São Paulo – SP – Brasil
Telefones: 885-8388/885-6878
1991

AGRADECIMENTOS

Queremos registrar aqui o nosso muito obrigado:
Ao Prof. Ivano Marchi, Diretor do Istituto Italiano di Cultura de São Paulo.
À Profª Rosa Ardini Petraitis, que leciona na mesma instituição.
Ao Prof. Isaac Salum, Catedrático, hoje aposentado, de Filologia Românica na Universidade de São Paulo.
À Profª Neide Barbosa Saisi, Professora de Psicologia Educacional para Pedagogos na Pontifícia Universidade Católica de São Paulo.

A todos devemos respostas valiosas que nos viabilizaram uma leitura mais esclarecida do texto original.

A Tradutora.

SUMÁRIO

A PROPÓSITO DA TRADUÇÃO BRASILEIRA . 11
INTRODUÇÃO 13
AS LÁGRIMAS DO CORSÁRIO NEGRO 19
   Edipo *vs* Ringo 21
   Problema *vs* Consolação 22
   Os Artifícios da Consolação 23
   Revolução *vs* Reformismo 25
   Cultura e/ou Subcultura 27
   A Narratividade Degradada 28
A AGNIÇÃO: ANOTAÇÕES PARA UMA TIPOLOGIA
DO RECONHECIMENTO 31
   Reconhecimento Autêntico e Reconhecimento
     Produzido 32
   O Ferreiro da Abadia 33
   Dois Patetas da Aldeia 35
   O "Topos" do Falso Desconhecido 36

EUGENE SUE: O SOCIALISMO E A
CONSOLAÇÃO 39
   Introdução 39
   Je Suis Socialiste 43
   Do Dandismo ao Socialismo 47
   A Estrutura da Consolação 62
I BEATI PAOLI E A IDEOLOGIA DO ROMANCE
"POPULAR" 77
   Romance Histórico e Romance "Popular" 78
   Tópicos do Romance Popular 84
   Ideologia do Super-homem e da Sociedade
   Secreta 92
ASCENSÃO E DECADÊNCIA DO
SUPER-HOMEM 97
   Vathek 97
   Monte Cristo 100
   Rocambole 102
   Richelieu 105
   Bragelonne 106
   Arsène Lupin 109
   Tarzan 115
PITIGRILLI: O HOMEM QUE FEZ MAMÃE
CORAR 119
   Mamíferos de Dezoitos Quilates 123
   Oscar Shaw na Rurritânia 127
   Um Anarco – Conservador 129
   A Máxima "Double Face" 135
   O Jogo da Máxima e a Arte do Paradoxo 140
   Estelas para Pitigrilli 146
AS ESTRUTURAS NARRATIVAS EM
FLEMING 149
   1. A Oposição dos Caracteres e dos Valores ... 152
   2. As Situações de Jogo e Enredo como
      "Partida" 164
   3. Uma Ideologia Maniquéia 171
   4. As Técnicas Literárias 175
   5. Literatura como Colagem 181

A PROPÓSITO DA TRADUÇÃO BRASILEIRA

Ao publicar *Apocalípticos e Integrados*, em 1964, Umberto Eco já aludia, no prefácio, à maliciosa insinuação de Gramsci sobre a verdadeira origem do super-homem nietzschiano, e incluía, entre os ensaios, um estudo específico sobre "O Mito do Superman". A partir daí, o tema tornou-se recorrente em sua produção ensaística, até 76, quando o autor, consciente do fato, decidiu reunir seus escritos sobre o assunto – artigos isolados e até mesmo alentados prefácios – e publicá-los pela Cooperattiva Scrittori já com o título definitivo, que conservaria, dois anos mais tarde, na edição de bolso da Bompiani, a escolhida pela Perspectiva como texto-base para a tradução brasileira.

A escolha teve sua razão de ser. Graficamente mais econômica, essa edição vinha, no entanto, enriquecida de dois estudos ausentes na anterior: um sobre Pitigrilli e a arte do paradoxo e outro sobre as estruturas narrativas na obra de Fleming – trabalhos que complementavam de modo exemplar, pela eficiência do método analítico empregado, todo o empenho do autor em traçar "uma teoria do romance consolatório e das suas contradições, válida também para os produtos de massa da atualidade."

Entre aquelas publicações e esta tradução, contudo, mais de dez anos se passaram. Em 76 e 78, Umberto Eco era o teórico de comunicação, agitador de círculos acadêmicos fechados, que em *O Super-Homem de Massa* analisava criticamente as fórmulas que deram certo no romance popular: seus achados, condicionamentos e contradições. Agora, é, ele próprio, um romancista que deu certo, mundialmente acatado, sucesso estrepitoso de livraria, assediado pelos *media*, consentida e deliberadamente inserido na cultura de massa, e criador — quem diria? — de seu próprio super-homem, esse monge de sherlockiana linhagem e shakesperiana memória, a perseguir, obstinado, a verdade, onde quer que ela se oculte, mas inerme ante a super-derrota que a história lhe inflige. — Circunstâncias nada fortuitas e que emprestam uma atualidade inesperada e polivalente a este livro de sete ensaios, cujo principal mérito está em dotar o estudioso e o leitor comum de instrumentos precisos e perguntas teimosas, que apuram o gosto e abrem horizontes para a fruição de uma narrativa, seja ela *O Vermelho e o Negro, Casino Royale, Ulysses, O Conde de Monte Cristo, No Tempo das Diligências* ou *O Nome da Rosa*.

Não são, porém, nem a recorrência do tema, nem o embasamento teórico, nem a eficiência pedagógica, nem a instigante atualidade, os únicos predicados a fazerem deste pequeno livro uma obra especial. Com *O Super-Homem de Massa*, Umberto Eco resgata essa literatura de prazer que a partir de meados do século XIX empolgou o público europeu, e também o brasileiro, e com ela chega até um tempo mais recente, quase contemporâneo, quando se lia com delícia, e viviam-se, na fantasia, todas as aventuras, cruentas e incruentas, castas, escabrosas e libertinas de Monte Cristos, Lupins e Rocamboles, de corsários e mosqueteiros, de Bonds e Tarzans. Ainda existem, entre nós, editoras que fizeram furor com a tradução dessas façanhas, e ainda existem leitores que com elas se encantaram, e os que ainda se encantam. Por isso também, por falar tão de perto e tão bem-humoradamente ao nosso saudosismo super-homístico de leitores brasileiros, *O Super-Homem de Massa* é particularmente bem-vindo.

Pérola de Carvalho

INTRODUÇÃO

Este livro recolhe uma série de estudos escritos em diferentes ocasiões e é dominado por uma única idéia fixa. Idéia que por sinal não é minha mas de Gramsci. Para um livro que trata da engenharia narrativa, ou melhor, do romance chamado "popular", provavelmente essa seja uma solução ideal: ele de fato reflete em sua estrutura as características principais do próprio objeto – se é que realmente nos produtos das comunicações de massa elaboram-se "tópicos" já conhecidos do usuário e de forma iterativa. Noções que eu já desenvolvera em vários pontos de meu *Apocalípticos e Integrados* (Bompiani, 1964; Perspectiva, 1968).

A idéia fixa que também justifica o título é a seguinte: "parece-me possível afirmar que muita da pretensa 'super-humanidade' nietzchiana tem apenas como origem e modelo doutrinal não Zaratustra, mas o *Conde de Monte Cristo*, de A. Dumas" (A. Gramsci, *Literatura e Vida Nacional*, III, "Literatura Popular"). A propósito Gramsci ainda acrescenta: "Talvez o super-homem popularesco dumasiano deva ser considerado exatamente como uma reação democrática à concepção de origem feudal do racismo, que é mister unir à exaltação do "gaulesismo" feita nos romances de Eugène Sue".

A segunda frase é menos clara que a primeira: não sabemos se a exaltação do gaulesismo feita por Sue deva unir-se à concepção feudal do racismo ou à reação democrática de Dumas. Ambas as interpretações dariam origem a uma proposição a um tempo verdadeira e falsa: quando Sue faz a exaltação do gaulesismo (nos *Mistérios do Povo*), ele a faz em clave "democrática", mas ao construir o primeiro modelo de Super-homem (nos *Mistérios de Paris*: e é Sue quem fornece o modelo do super-homem a Dumas), ele o faz numa clave fatalmente "reformista"; destino, aliás, a que nenhum super-homem popular, incluído o de Dumas, escapa, como procuro demonstrar nos ensaios que se seguem.

Razão a mais para considerarmos o caso do super-homem "de massa" (ou seja, produzido como modelo para uma massa de leitores, construído em função da nova fórmula comercial chamada romance de folhetim) como uma história contraditória onde questões ideológicas, lógica das estruturas narrativas e dialética do mercado editorial emaranham-se num nó problemático nada fácil de desfazer. Ao elogiar o super-homem de folhetim, Gramsci aparentemente lançava um dardo contra o super-homem de Nietzsche; hoje, em clima de uma releitura nietzschiana mais distensa, seríamos mais cautelosos. O próprio Gramsci, porém, é mais cauteloso do que parece: está falando do nietzschianismo dos stenterellos* que imperavam na época, e diz clara e polemicamente (aos stenterellos): este vosso super-homem não vem de Zaratustra, e sim de Edmundo Dantès. Se pensarmos em Mussolini que, além de divulgador do super-homismo nietzschiano, era também autor de narrativas de folhetim (ainda está por escrever toda uma análise das fontes de *Claudia Particella, l'amante del cardinale* – e elas

---

*Máscara-personagem, desgrenhada e ridícula, que representa o fanfarrão, espécie de "leão covarde" da *commedia dell'arte* florentina. (N. da T.)

vão da *Gothic Novel* inglesa ao *feuilleton* francês), veremos que a hipótese gramsciana acertava na mosca.

Desenvolver a hipótese gramsciana significa ir em busca dos avatares do super-homem de massa, e é o que fazem estes ensaios, de Sue a Salgari ou a Natoli, terminando em nossos tempos com um super-homem narrado em termos de *spy-thriller* – James Bond.

O ensaio dedicado a Pitigrilli aparentemente nada tem a ver com a narrativa de folhetim, mas os caminhos do super-homem são infinitos. Super-homens garbosos e mundanos são as personagens masculinas dos romances pitigrillianos, mas sutilmente super-homística é a imagem do escritor burguês de espírito cáustico, justiceiro punidor não de grandes nequícias mas de lugares-comuns, que Pitigrilli engenhosamente excele em personificar. Também ele, como agora nos confirmam documentos biográficos recentemente descobertos, desenvoltamente além do bem e do mal.

Retomada em nossos dias, a hipótese gramsciana exercita-se nestes ensaios através de métodos narratológicos e semióticos: análises de textos, confronto de artifícios narrativos com sistemas externos de condicionamento comercial, com universos ideológicos e com estratégias estilísticas, procurando pôr em correlação todas essas "séries" mediante modelos estruturais homólogos. Não que todas as pesquisas aqui publicadas constituam exemplos puros de semiótica da narratividade (o único estudo rigoroso, nesse sentido, é o que realizamos sobre James Bond). Digamos que o instrumento semiótico intervém apenas quando útil.

Estes estudos apresentam-se, portanto, como contribuições mistas quer para uma sociologia da narratividade popular, quer para um estudo das ideologias expresso em forma de história das idéias, quer, por vezes, como contribuições exploratórias para uma semiótica textual não obsedada pela exigência da formalização (seja ela verdadeira ou mero pretexto) a qualquer custo. Nem por isso pretendo polemizar contra as análises textuais feitas hoje em dia, menos coloquiais e mais "computadorizadas" do que as aqui apresentadas. Melhor, veja-se em VS 19-20, 1978 o meu "Possible Worlds and Text Pragmatics: *Un drame bien parisien*", onde procuro reduzir ao osso as estruturas lógicas de uma narrativa, em termos muito menos afetuosos e serenos do que ocorre com nos ensaios deste livro.

Não nos esqueçamos de que alguns destes escritos eram prefácios a obras narrativas, outros, artigos de jornal: desiguais quanto ao embasamento científico, só ficam bem juntos porque, como dissemos, giram todos em torno da mesma idéia, e a verificam sob diferentes perfis.

Agora, duas palavras sobre sua origem:

"As Lágrimas do Corsário Negro" e as notas sobre agnição apareceram no *Almanacco Bompiani 1971*", dedicado ao retorno do enredo e com o título *Cem Anos Depois* (organizado por mim e por Cesare Sughi). Até aquela época, sobre o romance de folhetim só existia o livrinho de Angiola Bianchini. Posteriormente, saíram várias antologias além de estudos críticos, e tenho para mim que a nossa Antologia do *Almanacco* influenciou essas escolhas subseqüentes.

"Eugène Sue: O Socialismo e a Consolação" aparecera como prefácio à edição italiana de *Os Mistérios de Paris* (Milão, Sugar, 1965). Posteriormente, Lucien Goldmann pediu-me que eu o reelaborasse para uma dupla publicação (em inglês e francês) num número único da *Revue Internationale des Sciences Sociales* dedicado à sociologia da literatura (depois traduzido em italiano como A.A.V.V., *Sociologia della letteratura*, Roma, Newton-Compton, 1974). Estimulado pelo confronto com Goldmann, escrevi uma introdução que discutia os métodos de uma sociologia literária confrontando-os com as técnicas semióticas: introdução que, após algumas reelaborações, também aparece neste livro.

"*I Beati Paoli* e a Ideologia do Romance 'Popular' " foi escrito como introdução à reedição do romance de Luigi Natoli (Palermo, Flaccovio, 1971) e sem qualquer alteração fora, na mesma época, publicado em *Uomo & cultura* VI, 11-12, 1973.

"Ascensão e Decadência do Super-homem" reúne uma série de artigos surgidos em momentos diferentes no *Espresso*, entre 1966 e 1974.

Assim reunidos, esses escritos foram publicados como *Il Superuomo di massa* pela Cooperativa Scrittori, na coleção "I Gulliver", 1976. Para a presente edição foram acrescentados os dois ensaios subseqüentes.

"Pitigrilli: O Homem que fez Mamãe Corar" saiu como prefácio à republicação, em volume único, de *Dolicocefala bionda* e *L'esperimento di Pott* (Milão, Sonzogno, 1976).

"As Estruturas Narrativas em Fleming" foi publicado pela primeira vez no volume organizado por Oreste del Buono e por mim, *Il caso Bond*, Milão, Bompiani, 1965. Traduzido depois para o francês em *Communication 8* (possivelmente este foi, entre os meus escritos, o mais traduzido e o preferido para integrar várias antologias e coletâneas — sinal de que o super-homem tem sempre bom mercado cultural), aparece também na edição italiana desse número único, surgida em volume, com o título *L'analise del racconto* (Milão, Bompiani, 1969). Peço desculpas aos leitores que já o encontraram em uma das edições precedentes, mas parecia-me útil inseri-lo também aqui, a fim de tornar mais completo o panorama.

Nem por isso a história do super-homem de massa pode considerar-se concluída. São inúmeros os casos em que ele torna a aparecer. Leia-se, por exemplo, em meu *Apocalípticos e Integrados*, o estudo sobre o *superman* dos quadrinhos, estudo que a rigor deveria constar desta coletânea. Em seguida seria interessante ver os novos super-homens cinematográficos e televisivos, brutamontes belos e malvados, inspetores com suas Magnum, cabeças raspadas e boinas verdes. E (finalmente) o surgimento da *Überfrau* — da Mulher Maravilha dos quadrinhos já pré-guerra à recentíssima Mulher Biônica. E os super-homens (ou super-robôs) da ficção científica... Etcétera etcétera etcétera, ilustre galeria a respeito da qual, de uma vez por todas, já dissera Gramsci: "O romance de folhetim substitui (e ao mesmo tempo favorece) o fantasiar do homem do povo, é um verdadeiro sonhar de olhos abertos... prolongadas fantasias sobre a idéia de vingança, de punição dos culpados pelos males suportados..."

Mas como ler é uma atividade cooperativa, observações como a citada obviamente só valem até certo ponto: ver-se-á por alguns destes ensaios, como o que trata de Sue, que às vezes o Super-homem, oferecido para sonharmos de olhos abertos, estimulou igualmente leituras mais produtivas. e até mesmo tomadas de consciência por parte dos sonhadores.

Daí porque também minha leitura do super-homem de massa deve ser vista como *uma* das leituras possíveis. Quanto ao resto, depende de onde, como e quando um livro é lido. O que não nos exime de dizer como julgamos que deva este ser lido e como provavelmente foi escrito.

AS LÁGRIMAS DO CORSÁRIO NEGRO

Alguém, após a projeção de *Love Story*, disse que seria preciso ter um coração de pedra para não estourar de rir diante das vicissitudes de Oliver e Jenny. A tirada, como todos os paradoxos de tom wildiano, é soberba. Infelizmente não espelha a verdade. De fato, qualquer que seja a disposição crítica com que uma pessoa vá ver *Love Story*, seria preciso ter um coração de pedra para não se comover e chorar. E talvez mesmo tendo um coração de pedra não escapasse ao tributo que o filme reclama. E isso por uma razão simplíssima: porque os filmes do gênero são concebidos para fazerem chorar. E portanto *fazem chorar*. Não podemos comer doce pretendendo sentir – só porque temos uma vasta cultura e um forte controle das próprias sensações – sabor de sal. A química jamais se engana. Assim também existe uma química das emoções, e um dos compostos que por antiga tradição suscita emoções é um enredo bem armado: se um enredo tiver sido bem armado, suscitará as emoções que prefixara como efeito. Poderemos em seguida, *après coup*, nos criticarmos por tê-las provado, ou criticá-las como emoções repelentes, ou criticar as intenções com que foi armada a máquina que as provocou. Mas essa já é uma outra história. Um enredo bem temperado produz alegria, terror, piedade, riso ou choro.

A primeira teoria sobre o enredo nasce com Aristóteles. O fato de que Aristóteles a tenha aplicado à tragédia e não ao romance é para nós irrelevante; tanto que a partir de então todas as teorias da narrativa recorreram àquele modelo. Aristóteles fala da imitação de uma ação (isto é, de uma seqüência de acontecimentos) que se realiza construindo uma fábula, isto é, um enredo, uma seqüência narrativa. Em relação a essa seqüência, o desenho dos caracteres (isto é, a psicologia) e o elóquio (o estilo, a escrita) são acessórios. É portanto fácil pensar que existe uma entidade "enredo" que se subtende indiferentemente tanto às realizações dramáticas quanto às narrativas. A receita aristotélica é simples: tomem uma personagem com que o leitor possa identificar-se, não decididamente ruim mas tampouco excessivamente perfeita, e façam com que lhe aconteçam casos tais que ela passe da felicidade à infelicidade ou vice-versa, através de peripécias e reconhecimentos. Retesem o arco narrativo além de todo limite possível, de modo que o leitor e o espectador experimentem piedade e terror a um só tempo. E quando a tensão tiver atingido o auge, façam intervir um elemento que desate o nó inextricável dos fatos e das conseqüentes paixões - um prodígio, uma intervenção divina, uma revelação e um castigo imprevisto; que daí sobrevenha, de algum modo, uma catarse - aliás, em Aristóteles, não fica claro se catarse é purificação da audiência, aliviada do peso que o enredo insustentável lhe impusera, ou purificação do próprio enredo, que encontra finalmente uma solução aceitável, coerente com a idéia que temos sobre a ordem lógica (ou fatal) dos eventos humanos. E acabou-se a história. Ao fornecer essa receita, Aristóteles (autor, além da *Poética*, da *Retórica*) bem sabia que o parâmetro da aceitabilidade ou da inaceitabilidade de um enredo não reside no próprio enredo, mas no sistema de opiniões que regulam a vida social. O enredo deve, portanto, ser, para tornar-se aceitável, verossímil, e o verossímil nada mais é que a aderência a um sistema de expectativas partilhado habitualmente com a audiência. Quanto à piedade e ao terror, é curioso que ele não os defina na *Poética* (que trata da estrutura dos enredos) mas na *Retórica* que trata das públicas opiniões e do modo de utilizá-las para suscitar efeitos de consenso.

Édipo vs *Ringo*

Apliquemos o modelo aristotélico ao *Édipo Rei:* acontecem a Édipo coisas terríveis que nem ele nem nós podemos suportar; a certo ponto, ocorre uma revelação; a autopunição do rei aplaca o espectador e restabelece psicologicamente, além de juridicamente, a ordem violada.

Passemos agora a uma obra-prima do enredo espetacular moderno, *Stagecoach* (*No Tempo das Diligências*) de John Ford. Aqui não o fato, mas o espírito de casta e a carolice submetem alguns dos heróis a uma pressão insustentável, ao longo da vastidão temporal e espacial de uma viagem no curso da qual outro elemento – também esse, não fatídico –, os índios, submete perseguidores e perseguidos a uma ameaça, e portanto a uma tensão igualmente insustentável. A curva narrativa atinge o ápice com o assalto das hordas selvagens, até parecer que só a morte (e portanto a ruptura desordenada, fora de todas as expectativas) poderá resolver a trama. De repente, *deus ex-machina,* chega a Sétima Cavalaria, e desata o nó coletivo: mais tarde, a vingança de Ringo que mata seus inimigos e foge enfim com Dallas, pecadora redimida, desata o nó individual. Os outros elementos instáveis da trama, cada um por seu lado, providenciaram a própria recomposição dentro de uma forma de ordem qualquer: o aventureiro sulista, trapaceiro e assassino, morre como herói, depois de revelar-se filho de família ilustre, a mulher do capitão muda sua atitude em relação a Dallas, o doutor Boone reencontra, apesar de beberrão, uma corajosa dignidade, e o banqueiro vigarista, que até o último momento personificara a pressão da sociedade em seu aspecto mais retrógrado, sofre o devido castigo.

O que distingue *No Tempo das Diligências* de *Édipo Rei*? Antes de mais nada, em *No Tempo das Diligências* – diferentemente do que ocorre em *Édipo* – tudo acontece verdadeira e exclusivamente no nível do enredo; não há nenhuma tentativa de análise psicológica, cada caráter já vem definido do modo mais convencional possível, e cada gesto é milimetricamente previsível. Quanto ao "elóquio", parece não existir ou, pelo menos, faz de tudo para não aparecer. (Mas como Ford é um grande artista, ele simplesmente inventa um elóquio funcional que só com o tempo se revela inovador, inventor de uma épica moderna enxuta, mas rica de intenções pictóricas).

Há todavia um terceiro elemento que marca a diferença entre as duas obras: é que em *Édipo Rei* alcança-se a ordem e a paz por um alto preço; ou melhor, só as alcançamos se animados por um grande *amor fati*. Na realidade a história de Édipo não consola, como não consola nenhuma história bíblica, que narra sempre a relação com um deus ciumento e vingativo. *No Tempo das Diligências*, ao contrário, consola: consolam as reafirmações da vida e do amor e consola a própria morte, que afortunadamente sobrevém para sanar contradições de outro modo dificilmente solúveis.

Problema vs *Consolação*

Essas observações permitem-nos individuar, na história da narratividade através dos séculos, duas interpretações possíveis do modelo aristotélico. Para a primeira, a catarse desata o nó da trama mas não concilia o espectador consigo mesmo: ao contrário, o fim da história propõe-lhe um problema. A trama, e com ela o herói, são problemáticos: terminado o livro fica o leitor diante de uma série de interrogações sem resposta. Julien Sorel morre, e morre Madame de Renal, mas com a última palavra do livro não se aquieta a nossa pergunta: que perspectivas para afirmar sua energia sem mitos e sem objetivos tem uma geração saída do desmoronar do mundo napoleônico? O que a trama, resolvida, deixa de insustentável é que o leitor não sabe nem mesmo se deve ou se pode identificar-se com Julien e se esse gesto lhe trará alívio. O mesmo acontece com Raskolnikov, cujo castigo não nos satisfaz nem nos pune: no fim de *Crime e Castigo*, ficamos quites com o enredo mas não com os problemas que o enredo suscitou. E isso também porque a dimensão do enredo se entrelaçou com a dimensão psicológica e ideológica, através da função continuamente ambiguante do estilo, que, ao invés de dirimir, complicava os nós e os tornava prenhes de interpretações contrastantes.

Passemos agora à segunda encarnação do modelo aristotélico: ela vai do *Tom Jones* a *Os Três Mosqueteiros*, chegando até os netos contemporâneos do *feuilleton*. Aqui a trama, resolvendo os nós, consola-se e consola-nos. Tudo acaba exatamente como se desejava que acabasse. É justo que D'Artagnan seja nomeado capitão dos Mosqueteiros e é justo que morra Constance Bonacieux, primeiro porque sua morte era necessária para nos fazer sentir a maldade de Milady e podermos gozar com seu castigo; segundo, porque aquele amor, como o de Rodolfo e Mimi, era impossível desde o início, e por definição. Marx e Engels haviam compreendido muito bem por que, na conclusão de *Os Mistérios de Paris*, morria Fleur-de-Marie, prostituta redimida mas (situação insustentável para a moralidade do leitor) transformada em princesa.

Essa escolha, que o modelo aristotélico abre para o narrador, marca a diferença que caracteriza o romance chamado "popular", popular não porque seja compreensível para o povo, mas porque, como sabia Aristóteles, ligando os problemas da *Poética* aos da *Retórica*, em última instância, o construtor de enredos deve saber o que seu público espera. Só que Aristóteles deixava livre a escolha: conhecidas as expectativas, resta decidir se provocá-las ou abrandá-las. O romance "popular" (o romance de folhetim, o *feuilleton*) é popular porque toma a segunda decisão e portanto, mesmo quando romance "democrático" e "populista", é sempre e antes de tudo "popular" porque "demagógico".

Os Artifícios da Consolação

Desse ponto em diante o romance popular acionará numerosos artifícios que já motivaram um inventário e poderiam dar origem a um sistema. Constitui ele uma combinatória de lugares-comuns articulados entre si segundo uma tradição em que se mesclam o ancestral (ensina Propp) e o específico (haja vista, por exemplo, a tipologia testada por Tortel – e ainda antes dele, por Gramsci). E atuará sobre caracteres pré-fabricados, tanto mais aceitáveis e amados quanto mais conhecidos: em todo caso, virgens de toda e qualquer penetração psicológica, à semelhança das personagens das fábulas. Quanto ao estilo, lançará mão de soluções pré-constituídas, aptas a proporcionar ao leitor as alegrias do reconhecimento do já-conhecido. E jogará com iterações contínuas, a fim de proporcionar ao leitor o prazer regressivo do retorno ao esperado. E desvirtuará, reduzindo a clichês, as soluções, em outras circunstâncias, inventivas da literatura precedente. Mas ao fazê-lo desencadeará tamanha energia, liberará tamanha felicidade, se não inventiva pelo menos combinatória, que seria hipócrita ocultarmos os prazeres que propicia: porque ele representa o enredo no estado puro; ileso e livre de tensões problemáticas. Cumpre reconhecermos que a alegria da consolação responde a profundas exigências se não de nosso espírito, pelo menos de nosso sistema nervoso. Por isso muitos representantes do romance "problemático", e primeiro entre todos Balzac, valeram-se copiosamente do arsenal do romance popular.

O que, no entanto, distinguirá um Balzac de um Dumas? O fato de que, não digo o suicídio de Lucien de Rubembré, mas a própria vitória de Rastignac no fim do *Pai Goriot*, não se tornarão consoladores. Rastignac triunfante deixará em nós muito maior amargura do que D'Artagnan, ao morrer serenamente, no fim do *Visconde de Bragelonne*.

Naturalmente é mister que nos entendamos sobre o que se define como "satisfação das expectativas". Com o adensamento de experiências literárias, também os *topoi* mudam, bem como o que hoje a tradição narrativa nos acostumou a desejar como a solução mais confortadora. Assim, hoje, será também popular o romance onde o herói aparecer como previsivelmente problemático; e nada parecerá mais facilmente conclusivo do que um final abrupto, que deixe personagens e leitores em suspenso, artifício que um dia, pensemos em Maupassant, já constituiu genial ofensa às leis banalizadas da trama. Nada há de mais popularmente romanesco do que a morte de Jenny Cavilleri, onde mais ninguém reconheceria como *happy end* um "e viveram felizes para sempre", agora fatalmente irônico; mortes horríveis de câncer esperado parecerão tão suaves quanto a patética e justa morte do Pai Tomás; detetives sexualmente frustados perderão pela mão homicida a amante infiel, assim como ontem teriam com ela fugido na garupa do cavalo. Mas também uma vasta fatia do romance popular, e pensemos nos muitos romances históricos ressurgimentais, queria a morte da amada, o fim piedoso do herói (Fieramosca e Ginevra) como aval patético de um desfecho segundo as públicas razões do coração (que via o choro como comerciável momento purificador). Em todo caso, uma constante permanecerá, diferenciando o romance popular do romance problemático: a de que no primeiro, sempre se desencadeará uma luta do bem contra o mal a ser resolvida sempre ou o mais das vezes (venha o desenlace embebido em felicidade ou em dor) a favor do bem, definido, este, nos termos da moralidade, dos valores e da ideologia corrente. O romance problemático propõe, ao contrário, finais ambíguos, justamente porque tanto a felicidade de Rastignac quanto o desespero de Emma Bovary colocam exata e ferozmente em questão a noção adquirida de "Bem" (e de "Mal"). Numa palavra, o romance popular tende para a paz, o romance problemático põe o leitor em guerra consigo mesmo. Esta, a discriminante; tudo o mais pode ser (e freqüentemente é) comum a ambos.

Revolução vs *Reformismo*

Inclusive a determinação que as circunstâncias da distribuição mercantil exercem sobre a estrutura da trama. O romance de folhetim impõe uma técnica de iteração rítmica, de redundâncias calculadas, de apelos à memória do leitor, visando a que este se reencontre e reencontre as personagens mesmo à distância do tempo, mesmo que os fios das várias intrigas se emaranhem. Mas esses elementos estruturais, no romance popular, emergirão como portantes exatamente porque, em dado momento, nele se produz uma fusão perfeita entre uma situação distributiva e sua ideologia substancialmente paternalista. A grande época do folhetim é a das revoluções burguesas da metade do oitocentos, com seu reformismo populista e pré-marxista, de que os elementos tópicos do Super-homem e da Sociedade secreta (ver os textos desde Marx até Gramsci e Tortel) são a manifestação e o instrumento. Mas o romance popular é social-democrático-paternalista, não só tematicamente mas também estruturalmente, porque deve desencadear crises (psicológicas, sociais, narrativas) passíveis de cura, seguindo o arco do modelo aristotélico (peripécia, revolução, catarse). A dinâmica solicitação solução (ou melhor: provocação-paz), unida à sua vocação populista, permite que o romance popular seja um repertório de denúncias sobre as contradições atrozes da sociedade (lembremos *Os Mistérios de Paris* e *Os Miseráveis*) mas que seja ao mesmo tempo um repertório de soluções consolatórias. Não se pode desencadear uma crise senão para resolvê-la em seguida. Não se pode solicitar o desdém do leitor para uma chaga social, se em seguida não se fizer intervir um elemento que sane a chaga e vingue, com as vítimas, o leitor perturbado. O romance torna-se então necessariamente uma máquina gratificatória, e visto que a gratificação deve ocorrer antes que o romance acabe, não poderá evidentemente ser confiada a uma livre decisão do leitor (como o romance problemático, intimamente "revolucionário", tende a fazer). A solução deve chegar e surpreender o leitor como se viesse de fora de suas possibilidades de previsão, mas na realidade exatamente como ele a desejava; nesse jogo de mútuas piscadelas, o que conta é que o leitor nada deve fazer para realizá-la, e ao contrário, confia toda e qualquer realização ao romance, máquina para sonhar gratificações fictícias. O herói carismático, no romance popular, deve ser portanto algúem que, em combinação com o autor, possui um poder que o leitor não tem. E para valer seu preço, deve providenciar não uma mas muitas soluções, e o quanto mais possível em cadeia. Tudo isso contrasta com uma idéia "revolucionária" de literatura porque toda hipótese revolucionária jamais se detém em contradições periféricas mas tende imediatamente a individuar o fulcro das contradições e, para resolvê-las na raiz, postula uma subversão global da ordem dos eventos. Portanto, uma estrutura narrativa em que soluções parciais vão gradualmente suprimindo pequenas crises parciais (abertas e imediatamente encerradas por mão autorizada, a que o leitor delega justiça e vingança) encarna (e conota) uma ideologia reformista.

Cultura e/ou Subcultura

O que nada mais é do que repetir o que já se sabe, isto é, que o arquétipo do romance popular, que é, acrescente-se, o romance inglês setecentista, nasce exatamente como produto de uma nova indústria da cultura, voltada para novos compradores, para uma burguesia citadina em grande parte formada por leitoras e que pede ao romance a substituição dos valores religiosos, aristocráticos e populares; que pede a ativação do sentimento em lugar da fé, da imaginação exercida sobre o real possível e não da consciência exercida sobre o sobrenatural não-experimental; que pede a integração na ordem dada, como garantia de harmonia, chamamento à produtiva cautela do contrato social. Se até um doidivanas como Tom Jones ou uma rameira como Moll Flanders chegam a encontrar a integração, é que ainda há esperança sobre a terra. A sociedade burguesa é o reino do fatual e o romance, o seu mutável e funcional tratado teológico. No século seguinte o romancista advertirá que o fatual é insustentável: então, se "Coketown era o triunfo dos fatos", com suas casas negras e sua chaminés poluidoras, como a vê Dickens, os fatos deverão ser amenizados por um maravilhoso comedido, lembrando que a sociedade pode matar mas também pode curar, como um Deus severo e justo, mas piedoso. E Oliver Twist encontrará seus parentes, como Remy, em *Sem Família*. O romance democrático, por fim, também suscitará, como vimos, o problema de uma solução "política" para as contradições: José Bálsamo organizará a revolução francesa, Rodolphe de Gerolstein procurará realizar granjas-modelo e reformas carcerárias, Garibaldi porá em cena patriotas prontos a acachapar a protérvia do "governo dos padres". Mas, como foi observado, também nesse caso temos sempre a iniciativa de um ou mais heróis carismáticos, cuja intervenção recompõe os membros desordenados de uma sociedade em crise, fazendo-a voltar a seu equilíbrio ótimo. Que a indústria do romance gere no seu interior os próprios anticorpos "problemáticos", que *Eugênia Grandet* saia no mesmo ano que *Os Últimos Dias de Pompéia*, de Bulwer Lytton, que *Os Noivos* sejam coevos das primeiras revistas de moda de Emile de Girardin, e *A Cabana do Pai Tomás* surja contemporaneamente a *Moby Dick*, esse é outro discurso, dialeticamente ligado ao primeiro. O romance toma consciência de sua própria função super-estrutural e a rejeita para escolher outra. No início Balzac é suficientemente pletórico e desabusado para brincar de olhos postos nas formas do folhetim; outros depois dele renunciarão ao contacto com o público, e eis como che- gamos a Proust e a Joyce. Todavia esses dois caminhos não avançam de todo independentes, pelo menos não tanto quanto a carranquice da crítica do nosso século tem definitivamente sancionado, separando os dois universos, relegando o do romance popular à subcultura (exceto quando premia depois, como literatura, acuradas recomposições em clave contemporânea do universo folhetinesco, casos em que o crítico perdera os termos de comparação).

A Narratividade Degradada

De qualquer maneira o que aqui nos interessa é, pelo contrário, ver como o romance popular "democrático" que, nos limites da sua própria ideologia paternalista, articulava uma relação coerente entre meios e fins, cede nos decênios seguintes, sempre mais e mais lugar a formas de "narratividade degradada" (lembrando que se entendêssemos no sentido axiológico o adjetivo proposto, correríamos o risco de não mais poder justificar de alma leve o prazer que ela nos proporciona).

Terminada a voga democrática, permanecerão no romance popular os lugares-comuns clássicos e as personagens tópicas, esvaziados daquela função a seu modo redentora que os investia de um valor ideológico calculado. O romance conservador do baixo-oitocentos, de Ponson du Terrail a Carolina Invernizio, e o reacionário do alto-novecentos (cujo atrevido e galante modelo é Arsène Lupin, nacionalista "professor de energia") usarão o arsenal do folhetim, isolado de seu contexto funcional: vinganças e reconhecimentos agirão no vazio, já sem que algum projeto de ressarcimento social – mesmo populista e burguês – os sustente e dê credibilidade ao que venha a ocorrer. Se os surrealistas apaixonam-se pelas aventuras de Fantômas é que nelas reconhecerão a sagração da gratuidade desatinada, na qual a sociedade não mais se reconhece como lugar de ordens minadas a reconstituir, mas como lugar aberto e irresponsável de uma combinatória de funções sem escopo.

O fato de que em seguida os modelos clássicos e seus epígonos tardios se tenham tornado igualmente fascinantes decorre de que toda história bem montada, embora repita montagens já conhecidas, e embora as use sem motivos previsíveis, sempre proporciona o prazer da narratividade. Mas está fora de dúvida que a parábola do folhetim o vê aproximar-se cada vez mais de uma forma de narratividade degradada cujo exemplo mais lampejante é a própria montagem perfeita do romance policial, no qual a ordem social é um pano de fundo flébil, mero pretexto, quase imperceptível. O detetive de Conan Doyle não é, com efeito, um justiceiro social como o Rodolphe de Sue, e nem tampouco um justiceiro individual como Monte Cristo. Talvez tenha algo do Monsieur Teste, de Valéry; cultiva com paixão egocêntrica sua habilidade de reproduzir, no nível dos seus abstratos mecanismos mentais, a combinatória igualmente abstrata de uma história ocorrida antes, e da qual a narrativa da investigação (sugere Todorov) é a consciente reconstrução metalingüística.

O que torna ambíguo o nosso discurso é que provavelmente, quanto mais degenerada é, a narratividade mais ela nos atrai com um fascínio ao qual nos é impossível fugir, o que torna humanamente legítimo o *revival* que a coloca hoje como objeto do nosso interesse, dividido entre desconfiança e admiração.

Ambigüidade das mais inquietantes, visto que o discurso deixa em suspenso tantos pontos. Por que existe, por exemplo, um descompasso entre folhetim francês e inglês e folhetim italiano, de tal modo que quando os heróis de além-Alpes são já nacionalistas e reacionários, aqui entre nós surge o romance socialista de Paolo Valera nas páginas de *La folla*? Até que ponto cabe colocarmos discriminantes e estabelecermos escalas de valor ideológico entre os desdéns populistas de um Mastriani e o filantropismo filisteu da Invernizio, que de fato se comove com as misérias populares não com o desdém ainda que meramente retórico do reformador, mas com o velado desprezo da dama de São Vicente, pateticamente devota mas substancialmente pequeno-burguesa? E qual a relação entre romance histórico e romance popular? Por que são romances históricos *Ivanhoé* e *O Cerco de Florença*, mas não *Os Três Mosqueteiros* e *Vinte Anos Depois*? As respostas certamente existem, o que não impede que a cada reabertura de discurso, restabelecidos os confins, estes se revelem mais e mais tênues; sinal de que os modelos abstratos do romance histórico e do romance popular, como aliás do romance problemático e do romance consolatório, não passam de modelos, e de que as obras isoladas surgem em seguida, efeito de numerosas contaminações, resolvendo os problemas cada uma a seu modo.

Como conclusão provisória auguraríamos, portanto, que o *revival* do folhetim não se limitasse a mero exercício de nostalgia mas viabilizasse a abertura de um discurso crítico. Obviamente sem que este seja pertubado por preconceitos irônicos ou moralistas demasiado imediatos, capazes de envenenar o que muitas dessas páginas nos sabem dar: a alegria do narrar como fim em si mesmo. Mas mesmo a narrativa no último estágio de sua degradação consolatória tem mecanismos e razões, e se não se transforma em problema para si própria, só nos resta transformá-la em problema para nós.

E portanto se o Corsário Negro* chora, ai do infame que sorri! Mas ai do estólido que se limite a chorar! Também desmontar a máquina.

---

* Personagem-título de um dos muitos romances de aventura do escritor italiano Emilio Salgari (1862-1911), conhecido dos leitores brasileiros através das traduções da Coleção Terramarear, da Companhia Editora Nacional. (N. da T.)

A AGNIÇÃO: ANOTAÇÕES PARA UMA TIPOLOGIA DO RECONHECIMENTO

Entendemos por *agnição* o reconhecimento de duas ou mais pessoas, podendo ele ser recíproco ("O Senhor é meu pai!" "Você é meu filho!") ou monodirecional ("Você é o assassino de meu filho!", ou então: "Olhe para mim!" Eu sou Edmundo Dantès").

Entendemos por *revelação* o desatar violento e imprevisto de um nó do enredo, até então ignorado pelo protagonista: quando Édipo fica sabendo que é o assassino de Laio, temos uma revelação; mas ao saber que é também filho de Jocasta, torna-se protagonista de uma agnição recíproca.

Uma forma mista entre agnição e revelação é o *desmascaramento*, que depois se torna essencial no romance policial: Vautrin é desmascarado, em *Pai Goriot*, como o forçado Trompe-la-Mort. Podemos, todavia, considerar o desmascaramento como uma forma particular de agnição monodirecional.

Reconhecimento Autêntico e Reconhecimento Produzido

Ao reunirmos todas essas formas sob a categoria de *reconhecimento*, temos, porém, o reconhecimento *autêntico* e o reconhecimento *produzido*, ou seja o reconhecimento que envolve apenas a personagem. Remy de *Sem Família* e Oliver Twist reconhecem seus parentes e são por eles reconhecidos no desfecho do enredo, e essa revelação apanha de surpresa também o leitor (cumpre ver se tal surpresa foi preparada sob forma de insinuações e suspeitas ou se chega realmente de improviso; a dosagem da surpresa depende da habilidade do narrador, que deve deixar que o reconhecimento chegue de modo não excessivamente abrupto e injustificado, nem por outro lado que se dilua numa abundância de alusões rasteiras).

O reconhecimento produzido é aquele em que a personagem cai das nuvens diante da revelação, mas o leitor já sabe o que está acontecendo. Típico dessa categoria é o auto-desvendamento múltiplo de Monte Cristo aos seus inimigos, que o leitor espera e antegoza a partir da metade do livro. Poderíamos definir o reconhecimento autêntico como reconhecimento *do* enredo e o produzido, como reconhecimento *no* enredo.

O reconhecimento autêntico parece atuar sobre um processo de identificação: transformado na personagem, o leitor sofre e goza com ela e com ela partilha das surpresas. O reconhecimento produzido parece atuar sobre um processo de projeção: o leitor projeta na personagem, cujo segredo já conhece, suas próprias frustações e seus próprios desejos de desforra, e antecipa o lance dramático (em termos triviais, o leitor gostaria de agir com seus inimigos, com seu chefe, com a mulher que o traiu, assim como age Monte Cristo: "Tu me desprezavas? Pois bem, agora vou te dizer quem sou na verdade!...").

Paralelamente, o prazer baseia-se também na descoberta de como reagirá o ignaro à revelação. Elemento útil para o bom êxito de um reconhecimento produzido é o *disfarce*: de fato, o disfarçado, desmascarando-se, aumenta a surpresa da personagem com ele envolvida, e enquanto dura o disfarce, o leitor goza do equívoco em que incorrem os ignaros.

Esses dois tipos de reconhecimento (natural e produzido) dão origem em seguida a uma dupla espécie de degeneração, e temos então um reconhecimento *redundante* ou *inútil*.

O Ferreiro da Abadia

O reconhecimento é moeda que se deve gastar com prudência, e deveria constituir o *clou* de um enredo respeitável. O caso de Monte Cristo que revela várias vezes a própria identidade, e por seu lado, é repetidamente informado sobre a intriga de que foi vítima, constitui um caso raro e magistral de reconhecimento, que, embora redundante e generosamente despendido, nem por isso se torna menos satisfatório. Habitualmente, porém, no romance de folhetim, o reconhecimento, considerado como mola essencial do enredo, é repetido até o excesso, perdendo todo e qualquer poder dramático e adquirindo pura função consolatória, visto que fornece ao leitor uma mercadoria a que este já se habituou. Esse desperdício do mecanismo assume depois formas abnormais, quando claramente o reconhecimento é de todo inútil para os fins do desenvolvimento do enredo, e o romance dele se locupleta com intuito puramente publicitário, como que para qualificar-se como romance de folhetim ideal, que vale o preço que custa. Caso lampejante de agnições inúteis por rajadas é o que temos em *O Ferreiro da Abadia*, de Ponson du Terrail.

Na lista abaixo, as agnições inúteis estão marcadas com asterisco e, como vemos, são a maioria.

* 1. Padre Jerônimo revela-se a Joana.
2. Padre Jerônimo revela-se a Mazures.
* 3. A Condessa de Mazures, pela narração de Valognes, reconhece Joana como irmã de Aurora.
* 4. Pelo retrato guardado na caixinha que lhe deixara a mãe, Aurora reconhece a irmã.
5. Ao ler o manuscrito da mãe, Aurora reconhece o velho Benjamin como Fritz.
* 6. Luciano fica sabendo por Aurora que Joana é irmã dela (e que sua mãe matou a mãe delas).
* 7. Raul de la Maurelière reconhece em César o filho de Blaisot, e em sua insidiadora a Condessa de Mazures.

* 8. Luciano, após haver ferido Maurelière em duelo, descobre sob a camisa do adversário um medalhão com o retrato de Gretchen.
* 9. A cigana, por uma medalhão achado nas mãos do *sans-culotte* Polito, compreende que Aurora está livre e em circulação.
* 10. Bibi reconhece nas aristocratas denunciadas pela cigana, Joana e Aurora, já delatadas por Zoé.
* 11. Paulo (aliás, Cavaleiro de Mazures) reconhece a filha Aurora na aristotacrata que deveria prender, com o auxílio do medalhão de Gretchen que Bibi lhe mostra (depois de tê-lo conseguido com a cigana que o conseguira com Polito).
* 12. Bibi revela a Paulo que sua filha foi presa em lugar de Joana.
* 13. Bibi, ao fugir, fica sabendo que a moça salva da guilhotina é Aurora.
  14. Bibi, a diligência, descobre que seu companheiro de viagem é Dagoberto.
* 15. Dagoberto é informado por Bibi que Aurora e Joana estão em Paris e que Aurora está na cadeia.
  16. Polito reconhece em Dagoberto o homem que nas Tulherias lhe salvara a vida.
* 17. Dagoberto reconhece a cigana que um dia lhe predissera o futuro.
* 18. O médico de Dagoberto reconhece no médico alemão que chega de improviso – enviado pelos Máscaras Vermelhas – seu antigo mestre. Este nele reconhece o aluno, e em Polito, o jovem que há pouco salvara na estrada.
  19. Anos depois, Polito reconhece Bibi num desconhecido que fala com ele (*topos* do falso desconhecido, cf. mais adiante).
  20. Ambos reconhecem a cigana, e em Zoé, sua ajudante.
* 21. Bento encontra e reconhece Bibi.
* 22. Paulo, que há anos ensandecera, recupera a razão e reconhece Bento e Bibi.
  23. O velho eremita é reconhecido como o prior, Padre Jerônimo.
* 24. O Cavaleiro de Mazures é informado por Padre Jerônimo de que sua filha está viva.
* 25. A cigana descobre que seu mordomo não é outro senão Bibi.
* 26. O republicano, atraído a uma cilada, reconhece numa bela alemã uma menina cujos pais ele mandara guilhotinar (a identidade é desvendada ao leitor duas páginas antes).
* 27. A cigana, condenada pelos ciganos, reconhece em Luciano, Dagoberto, Aurora e Joana as pessoas que insidiara e arruinara[1].

---

1. A série das revelações de tipo teatral complica-se posteriormente com uma série de revelações de tipo epistolar, onde aparecem cartas que citam outra carta, a qual traz o relato de uma personagem que, ao reconstituir a história de fatos remotos, expõe o relato de ainda outra personagem. Por exemplo, em certo ponto, Aurora acha uma carta da mãe que a reporta a outra a ser aberta só no dia primeiro de agosto de 1786, e essa nova carta alude a uma revelação que deverá ser feita pelo velho criado Benjamin e às notícias contidas num maço de manuscritos, o qual, por sua vez, reconstrói, com base em relatos referidos por outros relatos, toda uma genealogia que se revela retrospectivamente, mediante peças descoordenadas de um *puzzle* que pouco a pouco vai sendo montado.

Como vemos, é todo um mútuo reconhecer-se de pessoas sobre as quais o leitor já sabe tudo e, que desempenham o papel do pateta da aldeia, visto que são decididamente as últimas a perceber o que todos, personagens e leitores, percebesse muitíssimo bem.

Dois Patetas da Aldeia

Temos também o reconhecedor no papel de pateta da aldeia quando o autor já deixou cair tantas e tamanhas suspeitas sobre a identidade de uma personagem, que parece inverossímil que justamente o protagonista ainda não tenha percebido nada.

A agnição por pateta da aldeia apresenta, porém, dois aspectos, e divide-se em agnição por *pateta autêntico* e por *pateta caluniado*. Temos um pateta autêntico quando todos os elementos de enredo, dados, fatos, confidências, marcas inequívocas, concorrem para fazer detonar a agnição, e só a personagem persiste em sua ignorância; em outros termos, o enredo forneceu tanto a ela quanto ao leitor os elementos para resolverem o enigma, e o fato de que ela não consiga fazê-lo é inexplicável. A figura perfeita do pateta autêntico, criticamente assumida pelo autor, é a que vemos no romance policial, constituída pelo agente de polícia colocado em oposição ao detetive (cujo conhecimento avança *pari passu* com o do leitor). Mas casos há em que o pateta é caluniado, porque de fato os eventos do enredo não lhe dizem nada, e o que torna o leitor consciente é a tradição formal dos enredos populares. Isto é, o leitor sabe que, por tradição narrativa, a personagem X só pode ser filho da personagem Y. Mas Y não pode saber, porque não leu romances de folhetim.

Caso típico é o de Rodolphe de Gerolstein em *Os Mistérios de Paris*. Depois que Rodolphe encontrou a Goualeuse* e tão logo se sabe que perdeu em tenra idade a filha que tivera com Sarah McGregor, o leitor já fareja a identidade de Fleur-de-Marie. Mas por que algum dia Rodolphe deveria pensar que a jovem prostituta encontrada por acaso no *tapis-franc* ** é sua filha?

* Cantadeira. (N. da T.)
** Taberna ordinária, boteco, espelunca. (N. da T.)

Muito justamente, ele só o saberá no fim; mas Sue percebe que o leitor já suspeita, e ao término da primeira parte antecipa a solução: estamos ante um caso típico de sujeição do enredo aos condicionamentos da tradição literária e da distribuição mercantil. A tradição literária permite que o leitor já saiba qual a solução mais provável. A distribuição semanal em folhetim, com a história que se desenrola por um número incalculável de capítulos, estabelece que não se pode manter o leitor em suspenso por tempo demais, sob pena de queda da memória de conexão. Assim, Sue é obrigado a encerrar aquela partida para poder iniciar outras, evitando com isso sobrecarregar a memória e a capacidade de tensão do leitor.

Narrativamente, comete um suicídio, deixando para a segunda mão a carta melhor. Mas o suicídio já se concretizara a partir do momento em que ele escolheu mover-se no âmbito de soluções narrativas óbvias: o romance popular não pode ser problemático nem mesmo na invenção do enredo. Como mostram Marx e Engels na análise de Fleur-de-Marie (cf. o ensaio sobre Eugène Sue), tudo já está predeterminado, até mesmo a morte da heroína, porque a narração não pode ir de encontro aos hábitos adquiridos e aos valores dominantes (mesmo se o romance tiver finalidades "democráticas").

O "Topos" do Falso Desconhecido

Um último mecanismo que se inclui na categoria da agnição inútil é o *topos do falso desconhecido*. Amiúde o romance popular, a cada abertura de capítulo, apresenta uma personagem misteriosa que ao leitor cumpriria ignorar: "o desconhecido, no qual o leitor já terá reconhecido o nosso X...". Ainda uma vez temos um expedientezinho narrativo de pouca valia, graças ao qual o narrador introduz uma vez mais, em dimensão degradada, o prazer do reconhecimento. Cabe, todavia, observar que se, vistos pelo prisma de uma estilística do enredo, esses meios degradados constituem outros tantos remendos narrativos, considerados, no entanto, sob o ângulo de uma psicologia da fruição e de uma psicologia do consenso, eles funcionam às mil maravilhas, porque a preguiça do leitor pede exatamente para ser abrandada com a proposta de enigmas que ele já tenha resolvido ou saiba facilmente resolver.

A categoria geral do reconhecimento degradado, repetitivo, inútil ou falso constitui, portanto, artifício mercantil justificado pela ideologia consolatória do romance popular.

Não será, pois, injustificado levantarmos a suspeita de que uma das razões do êxito de *Love Story* provenha exatamente de sua frase inicial: "O que se poderá dizer de uma garota que morreu há vinte anos atrás?"

Em termos de estilística do enredo a chegada da enfermidade deveria desabar como um lance dramático, transformando o idílio num drama e recolocando sob ângulo problemático tudo quanto fora narrado até aquele instante.

Ao invés disso, avisar o leitor, desde o início, de que irá acompanhar as peripécias amorosas, aparentemente alegres, de dois jovens já marcados por um destino trágico, favorece a aceitação do choque final, coloca-o sob o signo da necessidade, esvazia-o de todo poder provocatório: e além do mais ajuda o leitor a pregustar, página por página, a reviravolta aguardada. Suicídio narrativo também aqui, mas por precisas exigências consolatórias: o livro, de tragédia do absurdo que poderia ser, transforma-se em elegia da resignação. No romance popular de todos os tempos, a realidade é sempre uma realidade já dada: ou é modificada perifericamente ou é aceita; não há o que a vire de cabeça para baixo.

EUGÈNE SUE: O SOCIALISMO E A CONSOLAÇÃO

Introdução

O estudo que vem a seguir nasceu com intuitos ensaísticos, preferindo o tom coloquial à análise "científica" dividida em parágrafos e subparagráfos. Ao discurso, no entanto, subtende-se uma série de convicções metodológicas que embasam, pelo menos, duas noções, a de *sociologia da literatura* e a de *semiologia das estruturas narrativas*. Não será mau explicitarmos esses princípios de maneira que possam viabilizar outras análises e uma auspiciável formalização da presente pesquisa.

Expressões como "estudo sociológico da literatura" ou "sociologia da literatura" podem justificar operações passavelmente discordantes. De um lado, podemos ver na obra um simples documento de um período histórico; do outro, podemos entender o elemento social como explicativo da solução estética; ou ainda podemos pensar numa dialética entre obra como fato estético e sociedade como fator explicativo, onde o social determina o estético mas o estudo da estrutura de uma obra lança nova luz sobre a situação de uma sociedade ou pelo menos de uma cultura.

Que utilidade podem ter, para os fins deste terceiro enfoque, os estudos semiológicos voltados para aquelas macroestruturas comunicativas que são os elementos do enredo? Sabemos muito bem que há um modo de ver as estruturas narrativas como elementos neutros de uma combinatória absolutamente formalizada, incapaz de explicar o conjunto de significações que a história e a sociedade atribuirão posteriormente à obra; em tal caso, os significados atribuídos, os resultados pragmáticos da obra-enunciado, permanecem como simples variações ocasionais que não atingem a obra em sua lei estrutural ou de modo algum passam a ser por ela determinadas (ou melhor, determinada passa a ser apenas a futilidade desses sucessivos preenchimentos de sentido ante a presença, a um tempo maciça e esquiva, do puro significante).

Por outro lado sabemos que é vão e ilusório todo esforço de definir uma forma significante sem investi-la de um sentido, pois todo formalismo absoluto nada mais é que um conteudismo mascarado. Isolar estruturas formais significa reconhecê-las como *pertinentes* em relação a uma hipótese global que se antecipa ao modo de ser da obra; não há análise de aspectos significantes pertinentes que já não implique uma interpretação e, portanto, um preenchimento de sentido.

Sendo assim, toda análise estrutural de um texto é sempre a verificação de hipóteses psico-sociológicas e ideológicas ainda que latentes. É importantíssimo termos nesse caso consciência do fenômeno para reduzirmos ao máximo (sem a pretensão de eliminar) a margem de subjetividade (ou historicidade) inevitável.

Só haveria um modo de escaparmos a essa "circularidade" da investigação (da hipótese interpretativa aos significantes, e destes à hipótese): seria tomarmos como base de verificação um sistema de funções narrativas elementares, que se realizem de modo indubitável em todos os textos, e não só controlarmos se elas se realizam mas para que efetivamente se realizem também no texto em exame. Para isso, porém, é preciso reduzirmos de muito o "pacote" das funções, até o ponto em que, no limite, *Hamlet* se identifique com *Chapeuzinho Vermelho*. Ora, dizer que todas as histórias são uma só, constitui um ponto de partida, não de chegada; o que interessa – depois – é como e por que, desde que todas as histórias são uma só, são elas diferentes e colocam-se em diferentes níveis de complexidade. Por outro lado, também a assunção da hipótese sobre os "universais da narratividade", quando colocada como ponto de chegada, oculta, já de partida, uma hipótese ideológica.

Dito isso, ao estalebecermos para a pesquisa semiológica os seus próprios limites epistemológicos, é mister evitarmos o erro oposto, em que excelem tantas sociologias da literatura em clave de marxismo "vulgar": isto é, negar as permanências, a existência de regras de gênero, a pressão meta-histórica de estruturas da narratividade, e assim colocar uma obra em contacto direto com as estruturas econômico-sociais que a determinariam num sentido único.

Trata-se, pelo contrário, de fazer o princípio da circularidade funcionar ao máximo sob seu próprio regime. Trata-se igualmente de termos a coragem de estudar como inicialmente independentes duas séries (a sócio-histórica e a da estrutura do texto), que, no entanto, posteriormente será mister correlacionar. O critério existe, e é o de analisarmos as duas séries empregando instrumentos formais homogêneos. O resultado será a *homologia estrutural* entre elementos do contexto formal da obra (onde por "forma" se entende também a forma que assumem os chamados "conteúdos", os caracteres, as idéias expressas pelas personagens, os eventos em que estão envolvidos) e elementos do contexto histórico-social.

Uma vez que a operação tenha êxito, torna-se irrelevante perguntar se estruturas históricas determinam estruturas literárias ou se um certo modo de narrar (herdado da tradição de gêneros), obriga o autor a reagir de um certo modo às constrições sociais. O problema será pôr em evidência as homologias: os nexos causais, que amiúde não existem de modo tão claro e límpido, no caso jamais dirão respeito a uma historiografia de tipo biográfico ou psicológico. Em todo caso evitar-se-á o curto-circuito economicista do tipo "fulano escreve assim porque é pago por sicrano": visto que a história das artes está repleta de autores que posteriormente não se revelaram organicamente ligados ao poder que os pagava, e de outros que serviram com a absoluta dedicação a uma classe que jamais os pagou.

Mas nesse caso as relações de homologia entre estruturas textuais e estruturas sociais deverão ser ulteriormente mediadas, constituindo-se pelo menos tres séries delas: ligando as duas já citadas haverá uma série de *estruturas culturais ou ideológicas* a que as estruturas textuais diretamente recorrem.

Só que também as determinações sócio-econômicas jamais assumem um único aspecto: não é preciso sermos pagos por alguém para escrevermos de acordo com sua ideologia. Basta escrevermos com absoluta liberdade de espírito mas deixando-nos condicionar mecanicamente por um circuito de distribuição do texto, solidário com a série econômica, ainda que não de modo transparente. Assim é que as modalidades do mercado (aparentemente desligadas de relações de propriedade mais profundas) geram estruturas textuais e estas requerem, para seu "preenchimento" mais apropriado, estruturas ideológicas. O círculo se fecha, mas com modalidades psico-biográficas que não são as do sociologismo vulgar.

Tanto mais que por fim se formula uma nova série, a série das interpretações, às vezes discordantes, que, baseada em motivações diferentes e em diferentes níveis de classe e de cultura, uma audiência dá sobre a mensagem que lhe chega. Aqui ocorrem mirabolantes desconexões, textos pensados em férvido espírito proletário fazem-se manual de conservantismo e vice-versa. E eis que a análise das estruturas narrativas (como forma mais alta da análise dos conteúdos) destaca-se da análise dos resultados interpretativos grupos e épocas históricas.

Ora, se existe um método que permite considerar essa dialética não elementar, é exatamente aquele que põe em relação séries não imediatamente ligadas por relações de causa e efeito e as estuda no desenho semiótico a que dão lugar em cada um dos níveis. E se há obra que pareça verificar com precisão de manual tais paralelismos (ou tais divergências) estrututurais, essa obra é exatamente a de Eugène Sue, e por uma série de razões – históricas, biográficas, de mecânica da distribuição do romance popular, de habilidade (ou de canhestrice narrativa).

Nas páginas que se seguem os inevitáveis dados biográficos são fornecidos para introduzirmos o leitor no mundo ideológico de Sue e do seu tempo; fique claro que numa investigação mais rigorosa poderiam ser eliminados e deveriam resultar de uma leitura apropriada do texto. A leitura exata e adequada do texto visa a pôr em contacto duas séries de per si autônomas: a *ideologia do autor* e as *estruturas do enredo*. Como elemento explicativo "externo" intervém, a simples título de chamada (embora se trate de outra série autônoma que reclamaria descrição mais adequada), a noção das *condições de mercado* que no século XIX favoreciam a difusão do romance dito "popular".

Para a leitura das estruturas narrativas partimos do pressuposto, comum em tais investigações semiológicas, de que existem estruturas recorrentes da narratividade; e em seguida, procuramos ver como e por que assumiram elas, na obra de Sue, formas idiossincráticas. A explicação dessas variações individuais do esquema "universal" é dada exatamente pelo recurso às outras homólogas (ou tornadas tais): a ideológica e a da estrutura distributiva do mercado do folhetim.

O texto que vem a seguir não é a demonstração de um método: para tanto, como dissemos, precisaria estar dotado de uma natureza mais "formalizada". É um discurso que assume a forma da exploração preliminar, mas justifica-se exatamente pela existência, na base das convicções de método há pouco enunciadas.

Je Suis Socialiste

Eugène Sue inicia a publicação em série de *Os Mistérios de Paris* no dia 19 de junho de 1842. Apenas um ano se passara depois que saíra da casa de um operário, que acabava de conhecer naquela noite, gritando: "Je suis socialiste" Sabe que escreve um grande romance popular, mas sua tese ainda é genérica. Provavelmente está fascinado pela exploração que vai realizando, no papel e na vida (para documentar-se a fundo), dos *bas-fonds* da capital. Mas ainda não tem uma idéia precisa sobre o que está desencadeando. Fala do "povo", mas o povo é ainda uma realidade estranha para o escritor afirmado, para o dândi profissional que devorou o patrimônio paterno dissipando-o em equipagens faustosas e gestos de esteta maldito. É quando o romancista descreve a água-furtada dos Morel, a família do cortador de pedras preciosas, honesto e desafortunado, com a filha insidiada, engravidada e acusada de infanticídio pelo pérfido notário Jacques Ferrand, a filhinha de quatro anos morta de privações sobre a palha, as outras crianças consumidas pelo frio e pela fome, a mulher agonizante, a sogra doida e a escorrer baba que perde os diamantes a ele confiados, os oficiais de justiça batendo-lhe à porta para arrastá-lo à prisão – nesse ponto é que Sue mede a força de sua pena. Entre as centenas de cartas que lhe chegam, entre nobres damas que lhe abrem inebriadas as portas de suas alcovas, proletários que nele saúdam o apóstolo dos pobres, literatos de fama que se orgulham de sua amizade, editores que o disputam com contratos em branco, o jornal fourierista *Phalange* que o glorifica como aquele que soube denunciar a realidade da miséria e da opressão, os operários, os camponeses, as *grisettes* de Paris que se reconhecem em suas páginas, alguém que publica um

Dicionário de gíria moderna, obra indispensável para a compreensão de *Os Mistérios de Paris* de M. Eugène Sue, completado por uma resenha fisiológica sobre as prisões de Paris, história de uma jovem presidiária de Saint-Lazare contada por ela mesma, e duas canções inéditas de dois célebres detentos de Sainte-Pélagie.

Os gabinetes de leitura que locam as cópias do *Journal des Débats* a dez tostões cada meia-hora, os analfabetos a pedirem que lhes leiam os capítulos do romance a eruditos porteiros, doentes que não morrem à espera do fim da história, o Presidente do Conselho tomado de acessos de cólera quando o capítulo não sai, os jogos-da-glória inspirados nos *Mistérios*, as rosas do Jardin des Plantes batizadas com os nomes de Rigolette e Fleur-de-Marie, quadrilhas e canções inspiradas na Goualeuse e no Chourineur, apelos desesperados, como alías o romance de folhetim já conhece e ainda conhecerá ("faça o Chourineur voltar da Argélia! não deixe morrer Fleur-de-Marie!"), o Abade Damourette que funda um asilo de órfãos inspirado pelas páginas do romance, o Conde de Portalis que preside à instituição de uma colônia agrícola tendo por modelo a granja de Bouqueval descrita na terceira parte, condessas russas que se sujeitam a longas viagens para conseguirem uma relíquia de seu ídolo – entre essas e outras delirantes manifestações de sucesso, Eugène Sue chega ao ápice sonhado por todo romancista, realiza de fato aquilo que Pirandello poderá somente imaginar: recebe do público dinheiro para socorrer a família Morel. E um operário desempregado, de nome Bazire, pede-lhe o endereço do Príncipe de Gerolstein, para poder recorrer a esse anjo dos pobres e defensor dos indigentes.

Daí em diante, como veremos, não é mais Sue quem escreve *Os Mistérios de Paris*; o romance é que por si só se escreve, com a colaboração do público.

Tudo o que acontece a seguir é normal, não pode deixar de acontecer. Hoje rimos, como com toda a razão riram Marx e Engels do infeliz Sr. Szeliga, crítico literário da *Allgemeine Literaturzeitung*, quando realiza sobre as personagens e situações do livro uma série de acrobacias dialéticas em correta clave hegeliana; mas era normal. Tanto isso é verdade que, como se sabe, Engels e Marx escreviam praticamente *A Sagrada Família* usando *Os Mistérios* como objeto polêmico e fio condutor (isto é, usavam-no não só como documento ideológico, mas como obra capaz de fornecer personagens "típicas").

É normal que, antes mesmo que o livro termine, comecem as traduções italianas, inglesas, russas, alemãs, holandesas; que só em Nova York se vendam oitenta mil exemplares em poucos meses, que Paul Féval se lance a imitar a fórmula, que por toda parte apareçam *Mistérios de Berlim*, *Mistérios de Mônaco*, *Mistérios de Bruxelas*, que Balzac se veja arrastado pelo furor popular a escrever *Les Mystères de Province*, que Hugo a partir dali comece a pensar em seus *Miseráveis*, e o próprio Sue tenha que fazer uma adaptação teatral da obra, deliciando o público parisiense durante sete horas consecutivas de aflições espetaculares[1].

É normal porque Sue não escreveu uma obra de arte – e isso perceberá o leitor que, embora fascinado, ver-se-á acompanhando, ofegante, páginas enxovalhadas de virtuosas reflexões, sístoles e diástoles de uma máquina arranca-lágrimas que sabe atingir os limites do insuportável, na sua desesperada e explícita deliberação de obter efeitos irresistíveis a qualquer custo, – e se houvesse escrito apenas uma obra de arte disso se teria dado conta a história, e embora não de pronto, de imediato, plebiscitariamente, a contemporaneidade: mas, de qualquer modo, inventou um mundo e o povoou de personagens de carne e osso, a um tempo vitais e emblemáticas, falsas e exemplares, Deus sabe como, uma selva de máscaras impossíveis de esquecer. Podemos compreender o que sucedia com os leitores do folhetim, quando nós mesmos, embora tentados a saltar algumas dezenas de páginas (especialmente diante da edição integral – mas ainda que não se leia a edição integral, a obra funciona com toda sua lodosa pletoricidade), no fim ficamos presos no jogo, sentimos vergonha de ceder à emoção ante as vinganças providenciais de Rodolphe, e descobrimos no rosto do Maître d'école, roído pelo vitríolo, no riso de escárnio do Squelette, na nojenta e lúbrica hipocrisia de Jacques Ferrand, na incrível maldade da família Martial, na inocência de Fleur-de-Marie, na nobreza de Rodolphe e de Madame d'Harville, na melancolia de Saint-Rémy, o pai, na honestidade selvagem da Louve, na fidelidade de Murph, na

---

1. Para esses e outros dados biográficos recomendamos o excelente trabalho de Jean-Louis Bory, *Eugène Sue – Le roi du roman populaire*, Hachette, Paris, 1962. V., também, do mesmo autor, a *Apresentação* à edição Pauvert dos *Mystères*, Paris, 1963, bem como a Introdução, cronologia e notas para a antologia *Les plus belles pages – Eugène Sue*, Mercure de France, Paris, 1963. Devorado por um amor sem reservas por seu autor, Bory é altamente aceitável no que concerne à vida de Sue e ao quadro histórico em que este se insere, ao passo que se torna extremamente apologético nas avaliações críticas. A biografia de Bory traz uma ampla bibliografia sobre Sue, que recomendamos. Estranhamente, Bory (que também dá um relevo mínimo à crítica de Marx e Engels) ignora as críticas de Poe e Belinski, das quais falaremos (na verdade sua bibliografia é quase exclusivamente francesa).

ciência votada para o mal de Polidori, na sensualidade de Cecily – e assim por diante – arquétipos que, bem ou mal, nos pertencem; talvez pertençam à zona mais débil e mistificada da nossa sensibilidade, talvez os tenhamos recebido de uma educação para o patético que tem em Sue um de seus mestres e em milhares de romances e filmes de fácil consumo, seus canais de sugestão, mas são nossos, não há como negar; podemos rejeitá-los, removê-los, iluminá-los com os refletores da razão e da ironia, mas ninguém os tirará das zonas mais recônditas de nossa alma. Lido hoje, Sue serve exatamente como reativo para despertar e pôr a nu o primitivo, o bovarístico que cochilam em nós. Mas não faz mal que o reativo funcione e deixe aflorar essas histórias e essas nostalgias; o mecanismo do patético deve encontrar-nos parcialmente dispostos para que o romance possa ser penetrado. E é mister que por ele entremos, não tanto – não apenas, não necessariamente – para cedermos ao gosto da reexumação (que, caso tenha êxito, torna-se entretenimento elementar, e é bem-vindo) mas para considerarmos o livro pelo que ora vale e para o que pode servir. Como importante documento que nos esclarece, nas raízes, alguns elementos da sensibilidade social oitocentista, de um lado, e de outro, como chave que nos ajuda a compreender as estruturas da narrativa de massa, as relações entre condições de mercado, impostação ideológica e forma narrativa.

Do Dandismo ao Socialismo

1. Como chega Eugène Sue aos *Mistérios de Paris*? Não tentaremos aqui uma biografia do nosso autor, preferindo recomendar a leitura de textos bem mais vastos e documentados. Nosso objetivo é acompanhar por um longo trajeto a história de uma vocação, uma vocação popular, ou antes, uma vocação *populista*, com todas as conotações que o termo ora comporta.

As linhas dessa evolução nos são fornecidas pelo próprio Sue que, no fim da vida, exilado em Annecy, planeja escrever uma espécie de autobiografia modelada através da própria *opera omnia*:

Essa idéia me viera já faz tempo. E eis porquê: comecei a escrever romances marítimos porque vira o mar; nesses primeiros romances há um aspecto político e filosófico (*La Salamandre, Atar-Gull* e *La vigie de Koat-Ven* entre outros) radicalmente oposto às minhas convicções de após 1844 (*Os Mistérios de Paris*). Seria talvez curioso ver através de que transformações e peripécias da minha inteligência, dos meus estudos, das minhas idéias, dos meus gostos, das minhas amizades (Schoelcher, Considérant etc.) cheguei, depois de crer firmemente na idéia religiosa e absolutista encarnada nas obras de Bonald, De Maistre e Lamennais (*De l'indifference en Matière de religion*), meus mestres da época, cheguei, unicamente através do aprendizado do justo, do verdadeiro e do bom, a professar diretamente a república, democrática e social... Terminaria para esta edição *Les Mystères du Peuple*. E acrescentaria o que escrevi para o teatro, os opúsculos políticos e socialistas como também *L'histoire de la Marine*, na qual comecei a compreender a monarquia na pessoa de Luís XIV, examinando no Ministério do Exterior a correspondência de seus ministros, o que provocou em mim profunda desilusão, passando eu desde então a odiar a monarquia..."[2].

Do legitimismo em política, do dandismo na vida privada e pública, do satanismo em estética, à profissão de fé socialista (ou antes, a duas concepções do socialismo, porque veremos que entre *Os Mistérios de Paris* e *Os Mistérios do Povo* ha uma nítida mutação) até a morte no exílio. Eis a história intelectual de Sue.

Eugène Sue nasce em 1804 de uma grande família de médicos e cirurgiões. Um avô (e ele o recordará nos *Mistérios*) escreveu em 1797 uma memória contra a guilhotina: seu pai será médico do hospital da Casa Militar do Rei, sob Napoleão I, e Josefina Beauharnais, então mulher do Primeiro Cônsul, é sua madrinha de batismo. Eugênio inicia a carreira de médico como auxiliar de cirurgião do pai, acompanha-o na guerra da Espanha mas, em 1826, embarca como cirurgião de bordo nos navios de Sua Majestade (estamos em plena restauração); combate, ou vê combater, com os gregos contra os turcos em Navarino, volta a Paris, e dá início à colaboração para os periódicos de grande tiragem. Como bom dândi, começa escrevendo para *Le Monde*. Virão depois rapidamente os afortunados romances que o transformam numa glória literária, disputado pelas damas "que contam", refinado e *blasé*, como nos aparece em carta

2. Citado por A. Parmenie e C. Bonnier de la Chapelle, *Histoire d'u éditeur et de ses auteurs. P. J. Hetzel*, Albin·Michel, Paris, 1963 (v. Bory, *E.S.*, pp. 370-371).

ao amigo e admirador Balzac, a quem lhe dá alguns conselhos sobre cavalos e carruagens; falando-lhe com *nonchalance* de alguns amores que cultiva à distância, lamenta a estupidez e a vacuidade do mundo parisiense, no qual é forçado a exibir-se, procurando assombrar a qualquer custo, esbanjando somas imensas. Será legitimista porque sob Luís Filipe não é elegante ser liberal, e chegará até mesmo a destilar um elogio ao colonialismo e ao escravagismo, ao mesmo tempo que zomba dos cabeças-quentes que se fingem exilados por motivos políticos quando na verdade fugiram por dívidas.

Por outro lado, as personagens de seus primeiros livros, calcadas no modelo do herói byroniano, do belo tenebroso, correm os mares como piratas, como Kernok, ou como negreiros, como Brulart; perpetram atrozes vinganças como o negro Atar-Gull; destroem almas alheias como o refinado sedutor Szaffie, em *La Salamandre*. Naturalmente todos são recompensados pela vida e gozam de serenas e honradas velhices. O Mal, unido à Beleza, triunfa. Mas o que triunfa definitivamente, é o Estilo.

Não diríamos que o estilo triunfe no campo literário. Celebrados e hosanados, os trabalhos do jovem Sue lembram-nos mais as aventuras de Sandocã que as personagens de Byron. A escrita é extremamente elementar embora os assuntos exóticos permitam ousadias nomenclatórias. Uma pesquisa estatística sobre a recorrência de certos adjetivos-chave, que encontraremos de novo a mancheias também em *Os Mistérios* (podemos citar três de memória: *"fameuse, blafard, opiniâtre"*), ajudar-nos-ia a compreender o destino de Sue como autor popular. De qualquer forma, e justamente por tais defeitos, não lhe falta o sentido do efeito seguro, a capacidade de criar personagens memoráveis. Indubitavelmente, ele dá vida a um cosmos, e se no início o prefigura em cenários exóticos, na realidade está preparando o material para as máscaras da comédia citadina e política que escreverá com os *Mistérios*, com *Le Juf errant* e com *Les Mystéres du Peuple*.

2. A passagem para o socialismo ocorre, como dissemos, através de uma rápida conversão. No dia 25 de maio de 1841, Sue assiste à representação do drama *Les deux serru-*

res, de Felix Pyat; *pièce* que se desenrola numa esquálida mansarda. Em cena o proletário, miserável e puro. Sue, após o espetáculo, mostra-se céptico com o autor, e Pyat convida-o à prova de toque. Vão eles até a casa de um operário-modelo, daqueles que leram bons livros sobre as questões sociais, um socialista consciente, um tribuno, um protagonista das futuras barricadas de 48. Recepção límpida e honesta, toalha nova, espetáculo de pobreza profunda mas muito digna, preparativos de uma ceia popular, um cozido excelente: e a aula do anfitrião, que discorre sobre as máximas questões políticas e sociais do momento, com a clareza de idéias do proletariado consciente dos seus direitos. É o caminho de Damasco; Sue sai dali conquistado para a nova causa.

Muito se escreveu sobre essa repentina iluminação. Mesmo um biógrafo afetuoso como Bory, diposto a dar mais crédito do que o devido ao socialismo de seu autor, não pode eximir-se de reconhecer, ao menos no início, um liame bastante estreito entre dandismo e socialismo. Sue descobriu um novo modo de distinguir-se de seus pares, já não quer assombrar Paris com seus trajes e cavalos, assombra-lo-á pregando a Religião do Povo. Em seu próprio ambiente isso soará tão provocatório quanto excêntrico.

Nesta clave, provavelmente, escreve *Mathilde*, em 1841 ("um vago socialismo coloriu certos episódios da segunda parte do romance")[3], e começa *Os Mistérios*. Diverte-se percorrendo as sórdidas vielas da Cité, entrando por aqueles *tapis-francs* onde ambienta o início do romance, covil de prostitutas e larápios; ainda uma vez emerge o satanista, atraído pelo hórrido, pelo mórbido, pelo sabor corrompido do jargão de gatunos; e é o romântico, sem dúvida, que reinventa em Fleur-de-Marie um arquétipo milenar, o da

---

3. Bory, *E.S.*, p. 240. Sobre o projeto "excêntrico" de Sue, de enveredar pelo novo caminho, veja-se Sainte-Beuve: "É duvidoso que ao iniciar sua famosa obra, este homem de espírito e engenho tenha pretendido outra coisa que não persistir, mais que nunca, em sua via pessimista, e, reunindo todos os seus segredos, com eles fazer um romance fortemente condimentado, bem salgado, para consumo da alta roda. Imagino que estivesse de certa forma apostando para ver até onde, desta vez, poderia conduzir desde o começo suas belas leitoras, e se as grandes damas não recuariam diante do *"tapis-franc"* (v. Bory, *E.S.*, pp. 245-246).

"vierge souillée", da menina violada no corpo mas imaculada no espírito, pondo assim de acordo os direitos do romanesco com os da moralidade e obtendo um patético total que, de Richardson em diante, torna-se regra em romance que se respeite[4]. Compraz-se em descrever misérias e imundícies sem limites, mas pede desculpas ao leitor; ainda pensa no público como seu igual, enojado com o fedor dos tugúrios; ainda sabe que os leitores, os verdadeiros, a maioria, se reconhecerão em suas personagens, lerão sua obra em clave diferente. Quando disso se der conta, mudará de clave.

Torna-se-o clara para ele a lei inexorável das comunicações de massa, segundo a qual os códigos dos leitores deformam fatalmente o código do autor. Quando o autor realiza a frio uma operação comercial, aplica seu engenho em elaborar uma mensagem legível à luz de vários códigos; é ao que visam também os quadrinhos, o filme em *technicolor*, o romance para todos. Sue, ao contrário, já agitado por uma crise, ao descobrir o que acontece, aceitará um código único, o das massas populares. A burguesia bem-pensante revoltar-se-á contra ele através das vozes oficiais, mas na verdade só conseguirá apaixonar-se, com suas páginas. Sue elege a linguagem e o mundo dos proletários, mas ainda agrada a todos. O que aconteceu? Terá convertido as multidões, ou essa conversão terá sido apenas aparente? À medida que as massas celebram em Sue o apóstolo da questão social, percebe o autor que o que ele descrevia, atraído pela singularidade do tema, tornava-se documento, juízo sobre

---

4. "Esse motivo da prostituta regenerada pelo amor, proclamado por Prévost nas pegadas de De Foe, em *Manon Lescaut*, pelo Rousseau das *Confissões* (Zulietta) e em *Les Amours de Milord Edouard Bomston* no fim da *Nouvelle Héloïse* (Lauretta Pisana), por Goethe na balada *Der Gott und die Bajadere* e por Schiller em *Kabale und Liebe* (Lady Milford, a favorita), tornar-se-á, nos românticos, um dos aspectos de seu culto à beleza contaminada: quantas vezes encontraremos, desde o Musset de *Rolla* ("Não era sua irmã, essa prostituta?") até o nosso crepuscular Gozzano, esse tipo de "pureza na prostituição", a Fleur-de-Marie de Sue, a Mila de Codro de D'Annunzio". (Mario Praz, *La carne, la morte e il diavolo*, Sansoni, Florença, 1948, p.113). Sobre o arquétipo da *Menina Pura Apesar de Tudo*, em conexão com as exigências do mercado narrativo da burguesia dos séculos XVIII–XIX (e com a ascensão de um público feminino comprador) ler todo o livro de Leslie Fiedler, *Amore e morte nel romanzo americano*, Longanesi, Milão, 1960 (onde falta, contudo, uma referência a Sue).

uma sociedade, protesto político, convite à mutação. Provavelmente, à medida que se documentava, também sua atenção se fazia cada vez menos cirúrgica e cada vez mais participante. Mas o que o impele definitivamente é a demanda popular. Também Bory o sublinha repetidamente: "o romance popular (quanto a seu objeto), tornando-se popular (quanto a seu êxito), não tardará a tornar-se popular quanto a suas idéias e sua forma"[5].

Agora Sue veste-se de operário e percorre verdadeiramente a fundo os lugares de seu relato; faz como Rodolphe, desce para o meio do povo, procura compreender o povo. Seu socialismo torna-se sempre mais e mais partícipe, agora chora sobre as desventuras sobre as quais faz chorar. Evidentemente o limite todo está aí: chora e faz chorar; proporá remédios, dos quais, entretanto, perceberemos o limite sentimentalóide, paternalista e utópico.

Se na terceira parte propõe reformas sociais (a granja-modelo de Bouqueval), é na quinta que a própria estrutura da obra sofre uma mudança profunda; a ação interrompe-se com mais freqüência a fim de abrir espaço a longas tiradas, a perorações moralistas, a propostas "revolucionárias" (mas reformistas, está claro). À medida que o livro se aproxima do fim (e o fim vai ficando cada vez mais longe, porque o público exige que a história se prolongue o mais possível), a parte preparatória se adensa, atinge os limites do suportável.

Mas o livro é assim, e deve ser visto em bloco. Até mesmo a peroração faz parte do enredo. Se o livro é, como é, e como diz Bory, um melodrama, as perorações são suas romanças. Eis porque os resumos da obra (e até agora liam-se apenas os resumos), que suprimiam os apelos e tratados, no-la restituíam "desmidiada", deturpada, embora mais fluente.

Os Mistérios de Paris esclarecem-se para o leitor da época como o mistério desvendado das iníquas condições sociais que produzem, com a miséria, o delito. Reduzamos a miséria, socorramos a infância abandonada, reeduquemos o preso, não coloquemos o operário trabalhador ante o terror

---

5. Ler Bory, *E.S.*, p. 248

das dívidas, a jovem virtuosa ante o *aut aut* da entrega ao sedutor abastado, demos a todos possibilidades de redenção, ajuda fraterna, apoio cristão; e a sociedade será melhor. Que nobre mensagem! Como não concordar com Sue? O Mal é uma enfermidade social. Eis os remédios. Iniciado como epopéia da má-vida, o livro triunfa como epopéia do Trabalhador Infeliz e Redimível. Para nos irritarmos seria preciso que estivéssemos decididamente atados sem esperança ao carro da reação emboscada. E a reação emboscada protesta, como é de seu dever. *La Mode* de 25 de julho de 43, envergonhando-se por ter hospedado as primeiras provas do miserável corruptor de costumes, explode:

> Jamais a luxúria latina gerara cenas mais licenciosas do que aquela onde o Sr. Sue descreveu a "tentação" do notário Ferrand por obra da mulata Cecily... Faublas e o livro infame de Aretino tornam-se obras morais comparados aos *feuilletons* dos jornais conservadores... A popularidade do *Journal des Débats* deve aumentar a cada dia que passa entre as raparigas perdidas de Saint-Lazare.

E numa igreja da Rue du Bac, podemos ouvir um sermão deste jaez:

> Vede, ó irmãos, este homem de quem só o nome já é um crime pronunciar: ele ataca a propriedade, desculpa o infanticídio... Mascara o comunismo sob formas aprazíveis; quer introduzir em vossos salões, em vossa família, forçando-vos a ler seus livros, as idéias pregadas nos clubes... Mas saiba-se que essa leitura constitui pecado mortal[6].

É normal. Pois até hoje não ouvimos diatribes do gênero nas páginas dos diários moderados italianos? Nada mais justo que acontecesse o mesmo nos tempos do bom Eugène Sue. Mas o escândalo dos bem-pensantes nunca é garantia suficiente. Para Sue não é. E alguns leitores menos maliciosos darão início a uma crítica "de esquerda". Comecemos por Edgar Allan Poe[7].

---

6. Ler Bory, *E.S.*, pp. 285-286.
7. Edgar Allan Poe, *Marginalia*, Mondadori, Milão, 1949, pp. 99 e ss. Particular curioso: Poe denuncia (mas com galhardia, sem falar em plágio, e sim em coincidência) uma semelhança entre a história de *Gringalet et Coupe-en-Deux* (inserida como relato de uma presidiário nos *Mistérios*) e o seu *Murders in the Rue Morgue*: um orangotango usado como instrumento de um crime.

Num de seus *Marginalia*, escrito imediatamente após o aparecimento em língua inglesa dos *Mistérios*, formula ele algumas objeções sobre a tradução, alguns apontamentos sobre a estrutura narrativa, a que voltaremos oportunamente; e observa que

os motivos filosóficos atribuídos a Sue são absurdos ao máximo. Seu primeiro, e na verdade único objetivo, é fazer um livro excitante e portanto vendável. A tendência (implícita ou direta) para melhorar a sociedade, etcetera, é apenas estratagema muito usual em autores que esperam com isso acrescentar um tom de agilidade ou de utilitarismo para dourarem a pílula de sua licenciosidade.

Na verdade, Poe não critica "de esquerda". Nota uma certa falsidade, e por instinto a atribui às intenções. Enquanto Poe escreve esse ensaio, eis que Belinski escreve outro, onde o que Poe farejara se torna explícito, em termos ideologicamente mais coerentes[8].

Após rápida panorâmica sobre a condição das classes populares na civilização industrial ocidental[9] Belinski abre as hostilidades:

Eugène Sue foi o primeiro felizardo que teve a idéia lucrativa de especular sobre o povo, literalmente falando... Um honrado burguês no sentido cabal da palavra, um filisteu constitucional pequeno-burguês, e se pudesse tornar-se deputado, seria um deputado como os que hoje em dia vemos na Constituinte. Quando pinta em seu romance o povo francês, considera-o, como autêntico burguês, de modo simplista: a seus olhos é uma plebe esfaimada, votada ao crime pela ignorância e a miséria. Ignora os verdadeiros vícios e as verdadeiras virtudes do povo; nem mesmo suspeita que o povo tem um futuro que não é o do partido hoje triunfalmente instaurado no poder, porque o povo tem a fé, o entusiasmo, a força moral. Eugène Sue compadece-se com as misérias do povo: por que recusar-lhe a nobre faculdade de compadecer-se? – tanto mais que permite lucros certos! Compadece-se, mas *como*? Esta é outra questão! Seu desejo é que o povo tire o pé da miséria, que cesse de ser a plebe esfaimada,

---

8. V. Belinski, *Textes philosophiques choisis*, Moscou, 1951; apreciação sobre Sue, p. 394 e ss.

9. O artigo contém curiosas afirmações imputáveis a compromissos com a censura: como a asserção de que as terríveis condições descritas por Sue dizem respeito à França, mas não à Rússia, onde ninguém obviamente morre de fome ("nem mesmo o vagabundo incorrigível que pede esmola"; e vejam-se as observações sobre o destino de autores como Hugo e Balzac que, no dizer de Belinski, há uma dezena de anos atrás recebiam o aplauso universal e agora (em 1844) já caíram no esquecimento...

impelida contra vontade para o crime, e se torne uma plebe saciada, apresentável, bem comportada, enquanto o burguês e os atuais fabricantes de leis continuarão sendo os patrões da França, casta de especuladores altamente cultivados. Em seu romance, Sue demonstra que as leis francesas sem querer protegem a licenciosidade e o crime, e é preciso que se diga que o faz de modo exato e convincente. Mas sequer suspeita de que o mal não reside em certas leis, e sim em todo o sistema da legislação francesa, em toda a organização da sociedade.

A acusação é clara: reformismo piegas, pois se deseja que alguma coisa mude é para que tudo o mais continue como antes. Sue é pouco menos que um social-democrata, aparentemente: na realidade, não passa de um vendedor de comoção que especula com a miséria humana.

Se formos agora reler as páginas de *A Sagrada Família* ali encontraremos os mesmos elementos polêmicos. Antes de mais nada, a zombaria sistemática contra os jovens hegelianos da *Allgemeine Literaturzeitung*, em particular contra Szeliga, que apresenta *Os Mistérios* como o "epos" da fratura que separa a imortalidade da caducidade e que deve sempre reimaginar-se de novo; e é Szeliga, não Sue, que constitui o objeto central da polêmica[10]. Mas o discurso de Marx e Engels, para ser convincente, deve proceder à destruição da obra de Sue, indicando-a como uma espécie de fraude ideológica que só podia ser tomada como mensagem de salvação exatamente por Bruno Bauer e comparsas. E aqui a natureza reformista-pequeno-burguesa da obra é individuada com muita simplicidade na frase pronunciada pelo infeliz Morel no auge de suas desventuras econômicas: "Ah! se os ricos soubessem!" A moral do livro é que os ricos podem saber e intervir para sanarem com atos de munificência as chagas da sociedade. Mas Marx e Engels vão além: não se contentam com individuar em Sue as raízes reformistas (não se contentam com criticar à luz dos critérios econômicos a idéia do banco dos pobres proposta pelo

---

10. Eis um espécime da leitura dos *Mistérios* feita por Szeliga: "Se o amor cessa, portanto, de ser o essencial no matrimônio, na eticidade em geral, a *sensualidade* torna-se o mistério do amor, da eticidade, da sociedade culta... A Condessa MacGregor representa "este último significado" da sensualidade como mistério da sociedade culta"; "*A dança* é o fenômeno mais universal da *sensualidade como mistério*"; "*Cecily é o segredo desvendado da sociedade culta*"; e assim por diante (v. Karl Marx-Friedrich Engels, *La sacra famiglia*, Ed. Rinascita, Roma, 1954, pp. 67-75).

Príncipe Rodolphe), mas apontam o espírito reacionário de toda a ética do livro. É um ato de hipocrisia a vingança justiceira de Rodolphe, é hipócrita a descrição da regeneração social do Chourineur, e viciada de hipocrisia religiosa toda a nova teoria penal de Sue, exemplada na punição do Maître d'école; é hipócrita a redenção de Fleur-de-Marie, típico exemplo de alienação religiosa, no sentido feuerbachiano do termo, que intervém para tornar ambíguo e falimentar um renascimento moral que inicialmente encontrara no plano puramente humano possibilidades de êxito positivo. Daí porque Sue é rotulado não como social-democrata ingênuo, mas como reacionário retrógrado e subdoloso, legitimista e demaistriano descomedido, pelo menos tanto quanto parecera na juventude, quando escrevia o elogio do colonialismo escravagista.

Era exata a crítica de Marx e Engels? Sim, no que concerne ao livro como *objeto analisável*. É o que veremos melhor na segunda parte deste estudo. Resta ver se a crítica fazia justiça a Sue como homem às paixões sociais que o livro suscitou.

Sobre esse segundo argumento é bastante difícil exararmos um juízo definitivo. À opinião mais moderada, isto é, a de que um livro que pregue a conciliação social não pode senão difundir as idéias que prega (e não é à-toa que também agrade à burguesia, e não apenas ao proletariado, comovido diante de tanta atenção), poder-se-ia opor a interpretação de Jean-Louis Bory: *Os Mistérios* tiveram uma importância social, revelaram a quem não a conhecia a condição das classe humildes, deram consciência social a milhares de desventurados: "Sue, é inegável, tem uma responsabilidade certa na revolução de fevereiro de 1848. Fevereiro de 48 é a irresistível saturnal, através do Paris dos *Mistérios*, dos heróis de Sue, *classes laborieuses et classes dangereuses mêlées*"[11].

Se considerarmos que para os motins confluíram não apenas precisas instâncias de classe, mas uma insatisfação popular generalizada, a tese é aceitável. "A vitória da Segunda República é a vitória dos *Mistérios* ". Basta que nos

11. Bory, *Présentation aux Mystères*, ed. Pauvert.

entendamos sobre o que é a Segunda República, basta que queira ser o que escrevia o periódico fourierista *La Démocratie Pacifique* em 1º de abril de 1843 (pela boca de Considérant, mestre e amigo de Sue):

> O antagonismo das classes não é irredutível; no fundo seus interesses são comuns e podem harmonizar-se por meio da associação... Entre a democracia "imobilista" dos conservadores mais cegos e a democracia "retrógada" dos revolucionários há uma democracia progressista, pacífica e organizadora, que representa os direitos e interesses de todos[12].

Mas talvez o problema seja mais sutil. É que mais uma vez ocorria com os *Mistérios* o que ocorre com as mensagens dentro de um circuito de massa: eram lidos em claves diferentes. Se para alguns representaram uma genérica mensagem de fraternidade, se para os burgueses perspicazes apresentaram-se como um protesto que não tocava o fundo das coisas, não podemos excluir que para outros, para muitíssimos, tenham constituído o primeiro grito de revolta formulado de modo acessível e imediato. Que fosse revolta ambígua e mistificada, não importa; isso são sutilezas de filósofo; para alguns permaneceu apenas o grito, o dedo de Sue apontado para o escândalo da miséria. As idéias, embora equivocadas, uma vez difundidas, caminham sozinhas. Jamais se sabe exatamente aonde irão parar.

3. O segundo problema diz respeito à pessoa Eugène Sue. No que concerne aos *Mistérios*, e aos anos em torno de 1843, não há dúvida, o dândi descobria-se socialista, embora de fato não passasse de um humanista langoroso e conciliador.

Em 1845, no entanto, aparece *Le Juif errant*, e aqui a reviravolta já é sensível. Se nos *Mistérios* a reforma proposta podia ser mediada por abades e párocos (Rodolphe confia a um padre a administração do banco dos pobres) e a reivindicação social canalizava-se para as sendas de um cristianismo oficial representado pelo clero, a história do judeu errante, ao contrário, estabelece como seu primeiro objetivo polêmico os jesuítas e o poder temporal da Igreja. É certo que permanece o apelo a um cristianismo das origens

---

12. *La Démocratie pacifique*, 1-4-1843 (artigo de Victor Considérant). V. Bory, *E.S.*, p. 295.

(para o qual Cristo seria o primeiro socialista), surge a figura do padre heróico e virtuoso, mas, numa palavra, *Le Juif errant* é um violento libelo anticlerical, onde à Igreja se opõe um fourierismo laico sem compromissos, onde declarações proletaristas se alternam com posicionamentos republicanos e anticolonialistas. O *Juif* ainda é um livro místico (igualmente patético) mas sua religiosidade é laica, mística da humanidade, na melhor tradição do socialismo utópico; a hierarquia católica já não desempenha o papel mediador que tinha nos *Mistérios*, mas é identificada como o inimigo que está à direita; que sempre esteve à direita, pelos séculos dos séculos. Contemporaneamente Sue empenha-se mais a fundo na vida política, enquanto o mundo conservador e moderado o submerge em contumélias. Sua obra desencadeia ondas de jesuitofobia, nos falanstérios fourieristas soam gritos de júbilo, a Idéia encontrou seu Livro. Sue torna-se cada vez mais famoso (*Le Juif* aparece no ano em que são publicados *Os Três Mosqueteiros*, *Esplendor e Miséria das Cortesãs*, *O Conde de Monte Cristo*, mas as multidões só enxergam Sue) e, enquanto começa a escrever outras obras (em 1847 trabalha na série de *Les septs péchés capitaux*), enquanto se concretizam reformas sociais inspiradas nos *Mistérios* (colônias agrícolas para detentos, reorganização do Montepio, celas individuais nos cárceres, patronatos de caridade para os ex-presidiários), explodem os motins de 48. No furor das reformas republicanas daí decorrentes (também nesse setor haviam *Os Mistérios* previsto e caldeado muitas coisas, entre elas a abolição da pena de morte), Sue adere ao partido republicano socialista. Candidata-se nas eleições, mas o sufrágio universal francês favorece o campo e a província, assustados com as reinvidicações das massas operárias parisienses; vencem os republicanos moderados. Agora Sue polemiza com estes e defende "la république rouge"; rejeita o adjetivo "rouge" como perigo, mas luta para que não se percam os frutos da revolução de fevereiro. Ligado aos falansterianos, não recusa contactos com Cabet, embora critique o comunismo dos bens. Em dezembro, Luís Napoleão torna-se presidente da República. Sue e os seus entrevêem a má fé e o logro, conspiram contra Bonaparte, intuem que a revolução foi traída.

Em meio a essa atmosfera, Sue dá início a sua nova obra, que ele só terminará em 1856, pouco antes de morrer, rodeado de mil dificuldades e censuras. Intitula-se *Les Mystères du Peuple*, e é a saga menos conhecida mas mais curiosa do nosso autor. "História de uma família de proletários através dos séculos", diz o subtítulo: e com efeito, aí se conta a história de uma família francesa – note-se bem, de gauleses – desde o período romano, da Gália druídica, até as jornadas de 1848. De pai para filho, os Lebrenn (nome simbólico que evoca a figura de Brenno) transmitem entre si as memórias e os cimélios de sua luta contra uma família de dominadores, os Plouermel. Os Lebrenn são proletários, os Plouermel ora feudatários, ora legitimistas ora capitalistas. Configura-se aqui uma teoria classista-racial, pela qual a história da França é vista como a oposição contínua entre um proletariado autóctone e uma classe de patrões de origem estrangeira. Sue descobre a luta de classes, mas tem dela uma visão maniqueísta, entre mítica e biológica. A ação fantástica mistura-se com páginas e páginas de conexão histórica e de reflexão filosófica e política, o livro é absolutamente ilegível, pesado, cansativo, cheio de indignação e revolta[13]. Mas é indubitável que ao escrever essa obra, e à medida que a escreve, Sue descobriu a existência das classes e a necessidade da luta de classes. Agora não pensa mais em conciliações edênicas, seus proletários jão não dizem "Ah! se os ricos soubessem!". Sabem que os ri-

---

13. Digno de nota é o fato de que a interpretação racial das divisões de classes proviesse em Sue de várias fontes autorizadas. Na nota 1 do primeiro capítulo do primeiro episódio da obra, Sue cita Augustin Thierry, *Récits des temps mérovingiens*, onde retorna por várias vezes o testemunho de Gregório de Tours, que Sue utilizará mais adiante; por outro lado, Thierry desenvolvera sua doutrina das origens raciais dos contrastes sociais em *Histoire de la conquête de l'Angleterre*. Sue cita ainda Loyseau (*Tratado dos Cargos de Nobreza*, de 1701) o Conde de Boulainvillers (*História do Antigo Governo de França*), o Abade Sieyès (*O que é o Terceiro Estado?*) e por fim Guizot (*Du gouvernement représentatif et de l'état actuel de la France*). Em Guizot aparece bastante explícita a dicotomia Francos-Gauleses, Senhores-Colonos, Nobres-Plebeus. (Sue não cita, mas talvez conhecesse, os *Essais sur l'histoire de France*, onde o tema igualmente aparece). Se um dia ainda precisássemos sublinhar a natureza eclética e ingênua do socialismo de Sue, bastaria notarmos como a ossatura de sua teoria classista foi tomada de empréstimo aos teóricos da direita ou do conservadorismo liberal.

cos sabem e por isso são e querem continuar ricos. Daí porque pegam em armas e descem à praça. A obra termina com as jornadas de fevereiro de 1848 e um grito de acusação indignada contra Bonaparte. Sue descobriu, finalmente, que "também o ódio à injustiça transtorna o semblante" e que "não é possível ser bom". E a realidade nada mais faz para dissuadi-lo.

Em 1849, depois de novas eleições, os *montagnards* desencadeiam uma tentativa de insurreição; a repressão é imediata, muitos amigos de Sue são exilados ou condenados ao degredo. Em 50, são as eleições para renovação da Câmara, e desta vez Sue triunfa literalmente. O anticristo, o autor de livros que impelem multidões à desordem, está no Parlamento. Mas os tempos estão maduros para o golpe de Estado e Napoleão prepara-se para sufocar a República. Confirmando a hipótese de que a obra de Sue tinha realmente alguma importância para os objetivos revolucionários, intervém, em 1851, a lei Riancey, taxando em cinco cêntimos todo jornal que traga rodapé com folhetim. Modo elegante de matar o *feuilleton*, esse difusor de germes sociais (e que não atinge apenas Sue, mas Dumas e outros)[14]. Os *Mystères du Peuple* aparecem a duras pescas, o ar torna-se irrespirável. Sue agora prega com todas as letras a insurreição, mas é tarde. No dia dois de dezembro do mesmo ano sobrevém o golpe de Estado. Morre a República, nasce novamente o Império. Sue é preso com outros deputados de seu partido. Sujeita-se à deportação e a seguir, por obra de amigos influentes, se bem que Napoleão III o odeie de todo o coração, consegue obter a permissão de chegar até a fronteira.

Começam os anos de exílio na Sabóia, em Annecy, em meio a mil adversidades, tentativas de ser acolhido em outros países, um desesperado amor senil, as reuniões de exi-

---

14. Sobre esse episódio de censura indireta existe um divertido *pamphlet*, aposto por Alexandre Dumas pai como primeiro capítulo de *A Condessa de Charmy* (seguido de *Ângelo Piton*, seguido de *O Colar da Rainha*, seguido de *José Bálsamo*). Dumas arremete contra a lei Riancey, atribuindo-a ao terror da Câmara ante a chegada de Sue como deputado, e ironiza o fato de naqueles tempos os bem-pensantes responsabilizarem o romance de folhetim por todos os crimes da história, do assassínio de Henrique IV ao do Duque d'Enghien.

lados no Piemonte liberal, a amizade de Gioberti e Mazzini (este último publicará *Les Mystères du Peuple* na Suíça), os ataques ferozes do clero saboiano e do setor conservador que vê com maus olhos a presença do Corruptor. A aliança entre o Piemonte e Napoleão III porá em sérias dificuldades o exilado. Os *Mystères* chegam a termo em 56, e em seguida, escrita a palavra fim, Sue parece declinar repentinamente.

Porém agora o dândi fez-se homem de idéias firmes e decididas. Não recuou um só passo, mesmo exilado fez tremer de medo o usurpador. Morre em 59 e seu funeral quase se transforma num plebiscito democrático. Cavour envia uma série de telegramas preocupados para certificar-se de que a ordem será mantida em Annecy. Esse cadáver é um fato de Estado, um símbolo; socialistas e republicanos proscritos convergem de todos os lados.

No fundo, os funerais de Sue respondem à insinuação de Belinski: pelo menos no fim de sua carreira, Sue não especulou sobre o povo. Acreditou nele de verdade. Acreditou como socialista humanitário e utópico, refletindo na vida e na obra os limites e as contradições de uma ideologia confusa e eminentemente sentimental.

Com Sue morre o folhetim clássico: surgem, naqueles anos, novos astros como Ponson du Terrail, mas outros são os caminhos que abrem: a era dos apóstolos acabou. O Barão Haussmann, com suas demolições, já saneou Paris no ano anterior. Retirou o cenário de futuros mistérios e sobretudo impediu que pelas novas ruas, largas e arborizadas, se possam construir barricadas como aquelas.

Morto Sue, morto o Paris de Sue, permanece o livro. Ainda capaz de despertar em nós não poucas sensações: basta que, onde seja impossível a participação, intervenha o gosto saudosista pela antigualha "negra", o paladar crítico sensível a um documento característico da era romântica – mais afim do que se possa crer com as manifestações maiores, chamem-se elas Sand ou Balzac, Hugo ou Poe, Cooper ou Scott.

E permanece como modelo a estudar: se a problemática de uma narrativa de massa tem um sentido – e se os problemas hodiernos encontram nos fenômenos de mercado literário dos séculos XVIII e XIX sua antecipação – *Os*

Mistérios de Paris constituem terreno ideal para uma pesquisa que queira individuar como se concatenam e influenciam reciprocamente indústria cultural, ideologia da consolação e técnica narrativa do romance de consumo.

A Estrutura da Consolação

1. Problema a resolver para a construção de uma obra narrativa de amplo consumo, destinada a despertar o interesse das massas populares e a curiosidade das classes abastadas: dê-se uma realidade quotidiana existente e todavia insuficientemente considerada, na qual descobrir elementos de tensão não resolvida (Paris e suas misérias); dê-se um elemento resolutor, em contraste com essa realidade básica, que apresente uma solução imediata e consolatória das contradições iniciais. Se a realidade básica for *efetiva*, e não existirem nela as condições para a resolução dos contrastes, o elemento resolutor deverá ser *fantástico*. E visto que fantástico, será imediatamente pensável, dado de saída como já realizado, podendo agir de golpe e dispensar as mediações limitadoras dos eventos concretos.

Esse elemento será Rodolphe de Gerolstein. Possui ele todos os requisitos fabulísticos: é um príncipe (e soberano, ainda que Marx e Engels troçassem desse pequeno Sereníssimo alemão tratado por Sue como um rei; mas, como se sabe, *nemo profeta in patria*), organizou seu reino segundo ditames de prudência e bondade[15]. É riquíssimo. Sofre de um remorso incurável e de uma nostalgia mortal (o amor infeliz pela aventureira Sarah Mac Gregor, o nascimento e a suposta morte da filhinha, o fato de haver sacado a arma contra o pai). De boa índole, possui, todavia, as conotações do herói romântico para o qual o próprio Sue ganhara a afeição do leitor nos livros precedentes; adepto da vingança, não evita as soluções violentas, deleita-se, ainda que movido por objetivos justiceiros, com horríveis crueldades (cegará o Mestre-escola, deixará morrer de satiríase Jacques Fer-

---

[15]. "Essa boa gente gozava de uma felicidade tão profunda, estava tão completamente satisfeita com sua condição, que a solicitude esclarecida do grão-duque pouco precisam fazer para preservá-los da mania das inovações constitucionais" (2ª parte, cap. XII).

rand). Já que é proposto como solução imediata para os males da sociedade, não lhe pode seguir as leis, excessivamente asmáticas; portanto, inventará as próprias. Rodolphe, juiz e carrasco, benfeitor e reformador fora-da-lei, é um Super-homem. Talvez o primeiro na história do romance de folhetim (diretamente oriundo do herói satânico romântico), modelo para Monte Cristo, contemporâneo de Vautrin (que nasce antes mas desenvolve plenamente naqueles anos) e de certo modo predecessor do modelo nietzschiano. Já o notara Gramsci com muita argúcia e ironia: o Super-homem nasce nas forjas do romance de folhetim e só depois chega à filosofia[16].

O Super-homem é a mola necessária para o bom funcionamento de um mecanismo consolatório; torna imediatos e imprevisíveis os desfechos dos dramas, consola rápido e consola melhor[17].

Sobre esse Super-homem incrustam-se posteriormente alguns outros arquétipos, como observa Bory: Rodolphe é um Deus-Pai (é o que seus favorecidos não cansam de repetir) que se disfarça de trabalhador, faz-se homem e vem ao mundo. Deus faz-se operário. Marx e Engels não haviam considerado a fundo o problema de um Super-homem atuante, e assim reprovavam em Rodolphe, entendido como modelo humano, o fato de não agir inteiramente impelido por motivos desinteressados e benéficos, mas pelo gosto

---

16. "De qualquer modo, parece-me possível afirmar que muita da pretensa "super-humanidade" nietzschiana tem apenas como origem e modelo doutrinal não Zaratustra, mas o *Conde de Monte Cristo* de A. Dumas", anota Gramsci. Não lhe acode de imediato que Rodolphe precede, como modelo, Monte Cristo, que é de 44 (como *Os Três Mosqueteiros,* onde aparece outro super-homem, Athos, ao passo que o terceiro super-homem teorizado por Gramsci, *José Bálsamo,* aparece em 49); mas tem presente (analisando-a mais de uma vez) a obra de Sue: "talvez o super-homem popularesco dumasiano deva ser considerado exatamente como uma reação democrática à concepção de origem feudal do racismo, que é mister unir à exaltação do "gaulesismo" feita nos romances da Eugène Sue". Cf. *Letteratura e vita nazionale,* III, "Letteratura popolare".

17. "O romance de folhetim substitui (e ao mesmo tempo favorece) o fantasiar do homem do povo, é um verdadeiro sonhar de olhos abertos... Nesse caso, podemos dizer que no povo o fantasiar é dependente do complexo de inferioridade (social) que determina prolongadas fantasias sobre a idéia de vingança, de punição dos culpados pelos males suportados etc." (Gramsci, op. cit., p.108).

da vingança e da prevaricação. Exato: Rodolphe é um Deus cruel e vingativo, é um Cristo com a alma de um Jahvé mau.

Para resolver fantasticamente os dramas reais do Paris indigente e subterrâneo, Rodolphe deverá: 1) Converter o Chourineur; 2) Punir a Chouette e o Maître d'école; 3) Redimir Fleur-de-Marie;; 4) Consolar Madame d'Harville dando um sentido à vida dela; 5) Salvar os Morel do desespero; 6) Destruir o sombrio poder de Jacques Ferrand e restituir o que este tirou dos fracos e indefesos; 7) Encontrar a filha perdida, escapando às insídias de Sarah Mac Gregor. Seguem-se depois várias tarefas menores, mas ligadas às principais, como a punição de vilões de segundo plano, como Polidoro, os Martial ou o jovem Saint-Remy; a redenção de semi-vilões como a Louve e o bom Martial; a salvação de alguns bons como Germain, a jovem Fermont e assim por diante.

2. O elemento real (Paris e suas misérias) e o elemento fantástico (as soluções de Rodolphe) deverão atingir o leitor por turnos, passo a passo, atraindo-lhe a atenção e exasperando-lhe a sensibilidade. O enredo deverá, portanto, organizar altíssimos cumes de *informação*, isto é, de imprevisibilidade.

Para que o leitor possa identificar-se seja com as condições de partida (personagens e situações antes da solução) seja com as condições de chegada (personagens e situações depois da solução) os elementos que as caracterizam deverão ser reiterados até que a identificação se torne possível. O enredo deverá portanto distribuir vastas faixas de *redundância*, isto é, deter-se longamente sobre o inesperado de modo a torná-lo familiar.

O dever de informação exige que ocorram lances teatrais; o dever de redundância impõe que esses lances se repitam a intervalos regulares. Nesse sentido, *Os Mistérios* não têm parentesco com as obras narrativas que definiríamos como de *curva constante* (vários elementos do enredo adensam-se até provocar um máximo de tensão que a resolução intervirá para quebrar), mas com aqueles que definiríamos como de *estrutura sinusoidal*: tensão, desenlace, nova tensão, novo desenlace, e assim por diante.

Os Mistérios, com efeito, estão repletos de pequenos dramas iniciados, parcialmente resolvidos, abandonados para seguirem desvios do arco narrativo maior, como se a história fosse uma grande árvore cujo tronco, representado pela procura, por parte de Rodolphe, da filha perdida, se expandisse em vários ramos pela história do Chourineur, pela de Saint-Remy, pelas relações entre Clémence d'Harville e seu marido, entre Clëmence, o velho pai e a madrinha, o episódio de Germain e Rigolette, as vicissitudes dos Morel. Cabe agora perguntarmos se essa estrutura sinusoidal corresponde a um programa narrativo explícito ou depende de circunstâncias externas. Se levarmos em conta as declarações de poética do jovem Sue, ao que parece a estrutura seria intencional: ele enuncia, já a propósito de suas aventuras marítimas (de *Ker nok* a *Atar-Gull* e *La Salamandre*) uma teoria de romance episódico. "Ao invés de acompanharmos esta severa unidade de interesses distribuída por um número estabelecido de personagens que, partindo do início do livro devem, bem ou mal, chegar ao fim para contribuir cada uma com sua parte para o desenlace", é melhor não constituirmos blocos ao redor "das personagens que, não servindo de séquito forçado à abstração moral que constitui o per no do livro, poderão ser abandonadas no meio do caminho, segundo a oportunidade e a lógica dos acontecimentos"[18]. Daí a liberdade em deslocar a atenção, e a linha portante, de uma personagem para a outra. Bory chama esse tipo de romance (que multiplica lugares, tempos e ações) de *centrífugo*, e o encara como exemplo típico do romance de folhetim, constrangido pela sua própria distribuição, deslocada no tempo, a ter que reavivar a atenção do leitor semana após semana, dia após dia. Mas não se trata apenas de uma natural adaptação da estrutura novelística às condições próprias de um gênero (que ademais recebe suas determinações de um particular tipo de distribuição). As determinações do mercado intervêm mais profundamente. Como também observa Bory, "o êxito prolonga". A germinação de episódios sucessivos deve-se às pretensões do público que não quer perder suas personagens. Estabe-

---

18. E. Sue, prefácio a *Atar-Gull* (cf. Bory, *E.S.*, p. 102)

lece-se uma dialética entre demanda do mercado e estrutura do enredo, de tal forma que, a certo ponto, são ofendidas até mesmo certas exigências fundamentais da trama, aparentemente sagradas para todo e qualquer romance de consumo.

Seja de curva contínua ou de estrutura sinusoidal não é isso ainda que, na trama, fará com que se alterem as condições essenciais de uma história, tais como as arrola Aristóteles na *Poética*: início, tensão, *climax*, desenlace e catarse. No máximo a estrutura sinusoidal resulta da aglomeração sucessiva de muitos enredos, problema já discutido pelos teóricos dos séculos XII e XIII, os primeiros mestres da crítica estrutural francesa[19]. A necessidade psicológica, sentida pelo leitor, da dialética tensão-desfecho, é tal que, no pior dos folhetins, acaba produzindo falsas tensões e falsos desfechos. Por exemplo, em *O Ferreiro da Abadia*, de Ponson du Terrail, contam-se algumas dezenas de agnições fajutas, no sentido de que se acumulam para revelar ao leitor fatos que ele já conhece pelos capítulos precedentes e só são ignorados por uma dada personagem. Já nos *Mistérios* acontece algo mais, e algo de absolutamente espantoso.

Rodolphe, que chora a filha perdida, encontra a prostituta Fleur-de-Marie e a salva das garras da Chouette. Faz com que volte ao bom caminho, recupera-a na granja modelo de Bouqueval. Neste ponto, criou-se no leitor uma subterrânea expectativa: e se Fleur-de-Marie fosse a filha de Rodolphe? Material estupendo que se pode arrastar por páginas e páginas, material no qual o próprio Sue deve ter pensado como fio condutor para seu livro. Muito bem, no capítulo XV da segunda parte, passado um quinto apenas do livro no seu todo, Sue rompe as protelações e adverte: "e agora deixamos de lado este filão que retomaremos mais tarde, visto que o leitor já deve ter adivinhado que Fleur-de-Marie é a filha de Rodolphe".

O desperdício é tão escandaloso, o suicídio narrativo tão inexplicável, que o leitor – hoje – desanima; coisa muito diferente deve ter acontecido ao tempo da publicação seria-

---

19. Cf. E. Faral, *Les arts poétiques du XII et du XIII siècle*, Paris, 1958. Não por acaso foram os textos desses teóricos agora reexumados pelos estruturalistas.

da. De repente via-se Sue obrigado a prolongar sua história, mas a máquina fora montada para uma curva narrativa mais breve, a tensão não iria poder manter-se até o fim, e o público pedia para saber; bem, dava-se-lhe então de pasto um sumarento "proximamente" e procedia-se à abertura de outros filões. Satisfez-se o mercado, mas o enredo como organismo foi água abaixo. O tipo de distribuição, que podia fornecer regras justas ao gênero *feuilleton*, a certa altura prevarica, e o autor, como artista, depõe as armas. *Os Mistérios de Paris* não são mais um romance, mas uma cadeia de montagem para a produção de gratificações contínuas e renováveis. Desse ponto em diante Sue não mais se preocupará com seguir os ditames do bem narrar e introduzirá, à medida que a história se avoluma, artifícios de comodismo que felizmente a grande narrativa oitocentista ignorou, e que curiosamente reaparecem em sagas de quadrinhos como a do Superman[20].

Por exemplo, aquilo que o enredo por si mesmo não consegue mais dizer é recordado em notas de rodapé. Nona parte, capítulo IX: a nota adverte que Madame d'Harville faz aquela tal pergunta porque, chegada na véspera, não podia saber que Rodolphe reconhecera em, Fleur-de-Marie a própria filha. Epílogo, capítulo I, a nota adverte que Fleur-de-Marie agora é chamada de Amélie porque o pai lhe trocara o nome dias atrás. Nona parte, capítulo II, nota: "O leitor não está esquecido de que a Chouette, um momento antes de ferir Sarah, acreditava que..." Segunda parte, capítulo XVII, a nota adverte que os amores juvenis de Rodolphe e Sarah são ignorados em Paris. E assim por diante. O Autor recorda o já-dito, de medo que o público já o tenha esquecido; e estabelece com atraso o que ainda não disse, porque não se podia dizer tudo. O livro é um macrocosmo onde vivem personagens demais, e Sue já não consegue segurar os fios. Observe-se que todas essas notas vêm depois da revelação sobre Fleur-de-Marie: o desmoronamento do enredo ocorre naquele ponto. Sendo assim, pode-se dizer que em parte Sue se comporta como um simples

---

20. Cf. o nosso "O Mito do Superman" in *Apocalípticos e Integrados*, Perspectiva, São Paulo, 1968.

observador sem poderes sobre um mundo que lhe foge das mãos, e em contrapartida ainda se arroga os direitos divinos do romancista onisciente, oferecendo sumarentas antecipações ao leitor. Já notava Poe que lhe faltava a *ars celare artem* e que o autor jamais deixava de dizer ao leitor: "Agora, num momento, os senhores verão o que vão ver. Estou para fazê-los experimentar uma impressão extraordinária, preparem-se que vou excitar-lhes, e muito, a imaginação e a piedade". Cruel anotação crítica, mas exata. Sue comporta-se exatamente assim porque um dos fins principais do romance consolatório é *provocar o efeito*. E pode-se provocar o efeito de dois modos. Um é exatamente este, e é o mais cômodo: atenção para o que vai acontecer. O outro implica o recurso ao *Kitsch*[21].

3. *Os Mistérios de Paris* transpiram *Kitsch*, obviamente. O que é que provoca efeito seguro por ja ter sido experimentado? O "tópico" literário que funcionou em outro contexto. O tópico não só funciona como nobilita. Traz consigo o hábito do frêmito estético que, com a fama, o acompanha. Também aqui as soluções são duas. Antes de tudo, pode-se evocar diretamente uma sensação que outros já provocaram ou descreveram. Eis o que lemos no capítulo XIV da sétima parte:

> Pour compléter l'effet de ce tableau, que le lecteur se rappelle l'aspect mystérieux, presque fantastique, d'un appartement où la flamme de la cheminée lutte contre les ombres noires qui tremblent au plafond et sur les murailles...*

O autor exime-se de evocar diretamente a sensação à força de representação e pede ao leitor que o ajude recorrendo ao *dèjá vu*.

Em segundo lugar, fazem-se intervir lugares-comuns já adquiridos. Toda a personagem de Cecily, sua beleza e perfídia de mulata, pertencem a um arsenal exótico-erótico de extração romântica. Em palavras pobres, trata-se de uma oleografia, construída, porém, sobre uma tipologia:

---

21. Para uma discussão sobre uma definição estrutural do *Kitsch*, no sentido em que será empregada nas páginas que se seguem, cf. o nosso "A Estrutura do Mau Gosto" in *Apocalípticos e Integrados*, op. cit.

* Em francês, no texto. Traduzimos: "Para completar o efeito desse quadro, lembre o leitor o aspecto misterioso, quase fantástico, de um aposento onde a chama da lareira luta contra as sombras negras a tremularem sobre o teto e as paredes...". (N. da T.).

Tout le monde a entendu parler de ces filles de couleur pour ainsi dire mortelle aux Européens, de ces vampires enchanteurs qui, enivrant leur victime de séductions terribles, pompent jusqu'à sa dernière goutte d'or et de sang, et ne lui laissent, selon l'énergique expression du pays, que ses larmes à boire, que son sang à ronger**.

Aqui há talvez coisa pior, porque não é o tópico literário que se toma de segunda-mão, e sim, o lugar-comum popular; e nisso Sue era genialíssimo, ao inventar até mesmo um *Kitsch* dos pobres; isto é, ele não faz oleografia engastando na tela elementos da arte; faz, isso sim, um mosaico de oleografias precedentes – o que hoje chamaríamos de operação "pop", com a diferença que esta última é intencionalmente irônica.

A essa disposição estilística igualmente se deve atribuir aquilo que por alguns, como Bory, foi entendido como um elementar e poderoso jogo de arquétipos: as figuras dos vilões levaterianamente reportadas a modelos animais, dos quais amiúde trazem o nome (V. Chouette); a fusão Arpagão e Tartufo em Jacques Ferrand; a dupla Maître d'école, agora cego, e o infame mostrengo Tortillard, imunda contrafação do *couple* Édipo-Antígona; até Fleur-de-Marie "vierge souillée" de evidente derivação romântica. Não há dúvida que Sue joga com arquétipos, e como inventor culto e genial, mas não para fazer do romance um itinerário para o reconhecimento através do mito, como fazia, digamos, Mann; e sim, para empregar "modelos" seguros, de funcionamento garantido. O *Kitsch* é, conseqüentemente, instrumento da fantasia que oferece soluções à realidade, segundo projeto previamente delineado.

Último artifício para a reiteração do efeito, e sua imposição segura, é o prolongamento obsessivo das cenas. A morte de Jacques Ferrand, consumido pela satiríase, é descrita com uma precisão de manual clínico e a divícia de um gravador de som. O romancista não dá uma síntese imaginativa do fato: registra o fato como verdadeiro, faz com que

** Em francês, no texto. Traduzimos: "Todos ouviram falar dessas jovens de uma cor letal para o europeu, desses vampiros feiticeiros que, inebriando sua vítima com terríveis seduções, sugam-lhe o ouro e o sangue até a última gota, não lhe deixando, conforme a enérgica expressão da terra, mais que as próprias lágrimas para beber e o próprio sangue para roer." (N. da T.).

ele dure o tempo que dura na realidade, manda sua personagem repetir as frases tantas vezes quantas um moribundo as poderia repetir realmente. Mas a repetição não se resolve em ritmo; Sue põe simplesmente tudo dentro de seu caldeirão, e não pára enquanto o público, mesmo o mais lerdo, não se tenha metido até o pescoço na situação, para aí afogar-se com a personagem.

4. Dentro de estruturas narrativas desse tipo só podem ser comunicadas as escolhas ideológicas já por nós atribuídas ao Sue dos *Mistérios*. Assim como a solução altamente informativa deve perder-se imediatamente no pântano de uma normalização afetuosa e conciliante, assim também os eventos deverão encontrar soluções que os encaminhem segundo os desejos dos leitores mas sem abalar-lhes as bases. Nem mesmo nos passa pela cabeça perguntar se em Sue a proposição ideológica precede a invenção narrativa, ou se o tipo de invenção narrativa, dobrando-se às exigências do mercado, lhe impunha uma certa proposição ideológica. Na verdade, os vários fatores em jogo interagem repetidamente e o único objeto de verificação nos é dado pelo próprio livro tal como está. Conseqüentemente, também será absolutamente incorreto dizermos que a escolha do gênero "romance de folhetim" deva necessariamente levar a uma ideologia conservadora ou brandamente reformista; ou que uma ideologia conservadora e reformista deva produzir um romance de folhetim. Podemos dizer apenas que foi dessa maneira que, em Sue, se compuseram os diversos elementos desse *puzzle*.

Se examinarmos a educação de Fleur-de-Marie ver-nos-emos diante de um problema que se propõe de idêntica maneira, tanto em nível ideológico quanto em nível narrativo. Temos uma prostituta (modelo que a sociedade burguesa fixou segundo linhas canônicas); foram os eventos que a fizeram uma prostituta (é inocente), mas de qualquer forma ela se prostituiu (traz uma marca). Lance teatral número um. Rodolphe convence-a de que pode renascer, e a prostituta renasce. Lance teatral número dois. Rodolphe descobre que ela é sua filha, princesa de sangue real. Lance teatral número três (e não calculamos os lances acessórios, onde vemos Fleur-de-Marie perdida e reencontrada um certo número de vezes por um certo número de pessoas). O leitor é submerso por lances teatrais que correspondem a outros tantos cumes informativos. Narrativamente a coisa funciona, mas sob a óptica dos códigos morais do público, a esmola agora foi excessiva. Um passo mais é insuportável. Fleur-de-Marie não poderá também reinar feliz e contente. Desmoronariam todas as identificações possíveis com a situação-romance em seu conjunto. Portanto, Fleur-de-Marie, consumida pelo remorso, morrerá. O que é exatamente aquilo que o leitor de bem deve esperar da justiça divina e do senso das conveniências. As informações adquiridas esfumam-se na convencionalidade de alguns princípios de costume e de civilidade reforçados. Depois de ter impressionado o leitor dando-lhe o que ele não sabia, agora o tranquiliza, reforçando o que ele já sabe. A máquina do romance exige que Fleur-de-Marie acabe como acaba. Caberá, posteriormente, à formação ideológica pessoal de Sue, homem de seu tempo, articular esses momentos mediante o recurso à solução religiosa. E aqui a análise de Marx e Engels se nos apresenta em toda a sua perfeição. Fleur-de-Marie descobriu que pode renascer, e começa a gozar de uma felicidade humana e concreta graças às reservas da juventude; quando Rodolphe lhe anuncia que ela irá viver na granja Bouqueval, ela quase endoidece de alegria. Mas gradativamente, através das pias insinuações de Madame Georges e do cura, a felicidade humana da jovem transforma-se em inquietude sobre-humana; a idéia de que seu pecado não possa ser obliterado, de que a misericórdia de Deus não poderá deixar de socorrê-la "malgrado" a enormidade, a abissalidade da culpa, a persuasão de que nesta terra agora toda recuperação completa lhe é negada, conduzem pouco a pouco a infeliz Goualeuse a um abismo de desesperança.

Desse momento em diante, Marie *subordina-se à consciência do pecado*. Enquanto na situação mais infeliz ela soube formar para si uma personalidade amável, humana, e na degradação exterior estava consciente do *seu* ser *humano* como seu ser verdadeiro, agora a imundície da sociedade moderna, que a tocara exteriormente, torna-se o seu ser mais íntimo e o atormentar-se contínuo, hipocondríaco, com essa imundície, faz-se dever, missão de vida, dada a ela pelo próprio Deus, fim em si mesmo da própria existência...[22].

22. *La sacra famiglia*, op. cit.m p. 186.

O mesmo acontece com a conversão do Chourineur. Ele matou, e, embora fundamentalmente honesto, é um rebotalho da sociedade. Rodolphe salva-o dizendo-lhe que ele tem um coração e que tem honra. Aperta-lhe a mão. Lance teatral. Cumpre agora atenuar o desvio e reconduzir a narração aos limites das expectativas normais. Ponhamos de lado a primeira observação de Marx e Engels para os quais ele o transforma num agente provocador, usando-o para capturar o Maître d'école; já aceitamos os procedimentos do Super-homem como legitimados por antecipação. O fato é que ele o transforma num "cão", num escravo, incapaz agora de viver senão à sombra de seu novo dono e ídolo, por quem morre. O Chourineur regenera-se na aceitação paternalista da beneficência, não na aquisição de uma nova consciência independente e empreendedora.

A educação de Madame d'Harville impõe uma escolha mais sutil: Rodolphe empurra-a para a atividade social, mas essa escolha deve tornar-se crível segundo a opinião comum. E assim Clémence dar-se-á aos pobres porque a benemerência constitui um prazer, alegria nobre e sutil. As pessoas podem "s'amuser" praticando o bem[23]. Os pobres devem tornar-se o divertimento dos ricos.

Também a punição de Ferrand ocorrerá segundo as expectativas: foi luxurioso, morre de luxúria insaciada. Tirou dinheiro de viúvas e órfãos, verá esse dinheiro restituído às viúvas e aos órfãos através do testamento que lhe é imposto por Rodolphe, e com o qual lega os seus haveres ao banco dos pobres em formação.

E aqui intervêm as linhas-mestras da doutrina social de Rodolphe-Sue. O primeiro elemento é a granja de Bouqueval, modelo de paternalismo triunfante. Basta ao leitor ler o

---

23. "As expressões de que se serve Rodolphe em seu diálogo com Clémence: *"faire atrayant"* (tornar atraente) *"utiliser le goût naturel"* (aproveitar a tendência natural) *"Régler l'intrigue"* (controlar a intriga) *"utiliser les penchants à la dissimulation et à la ruse"* (aproveitar os pendores para a dissimulação e a astúcia) *"changer en qualités généreuses des instincts impérieux, inéxorables"* (transformar em qualidades generosas instintos imperiosos, inexoráveis) etc.; essas expressões, bem como os *instintos* aqui atribuídos de preferência à natureza feminina, traem a secreta fonte da sabedoria de Rodolphe: *Fourier*. Ele compulsou uma lição popular da doutrina de Fourier" (*La sacra famiglia*, p. 205)

capítulo VI da terceira parte. A granja é um perfeito falanstério, que vive, no entanto, por decisão de um patrão que socorre quem se acha sem trabalho. De idêntica inspiração é o banco dos pobres com as conexas teorias para a reforma dos montepios: visto que a miséria existe e o operário pode ficar sem trabalho, tomemos providências para propiciar-lhe auxílio em dinheiro nos períodos de desemprego. Quando trabalhar, restituirá. "Ele sempre me dá – comentam os autores de *A Sagrada Família* – no tempo em que trabalha o que de mim recebeu no tempo de desemprego".

Belo golpe.

Procedem de modo idêntico os planos para a prevenção do delito, a redução das custas judiciárias para o indigente e, por fim, o projeto de uma polícia dos bons; como a judiciária espiona os maus, captura-os e os leva a juízo, assim também que espione a existência dos bons, denuncie suas virtuosas ações à comunidade, convoque-os a processos públicos onde essa bondade seja reconhecida e premiada.

Projetos que fariam sorrir não fossem eles inspirados numa corrupta impostação reformista ainda hoje válida e atuante em nível de qualquer solução social-democrática dos problemas econômicos. A base da ideologia de Sue é: procuremos ver o que se pode fazer pelos humildes, sem mudança das atuais condições sociais e graças a uma cristã colaboração entre as classes.

É óbvio e bem sabido que essa ideologia tinha direito a cidadania política fora do romance de folhetim. Resta aprofundar se está conexa à natureza gratificatória do romance; os instrumentos para isso, no entanto, nós já os fornecemos. Mais uma vez trata-se de consolar o leitor mostrando-lhe que a situação dramática está resolvida ou é solúvel, mas de modo tal que o leitor não cesse de identificar-se com a situação do romance em seu conjunto. A sociedade cirurgicamente operada por Rodolphe, erigido em curandeiro, por milagre *continua a mesma sociedade de antes*. Não fora assim e o leitor não se reconheceria, e a solução, de per si fantástica, parecer-lhe-ia inverossímil. Ou de qualquer modo incompartilhável.

Cumpre-nos dizer com muita honestidade que é difícil incluirmos nesse esquema as curiosas teorias de Sue sobre a reforma carcerária e penal em geral. Mas aqui assistimos por parte do autor a uma livre improvisação sobre o tema "reforma", a uma elaboração de seu ideal político e humano fora do próprio romance; como romanças que interrompem a ação do melodrama, desenvolvendo temas estanques próprios. E todavia também aqui funciona o mecanismo "espanto e tranqüilização imediata".

É espantoso que se proclame a sacralidade da vida humana e se peça a abolição da pena de morte: mas como pena substitutiva propõe-se o cegamento. Na linha do bom senso a coisa é menos estranha do que parece: cego, o culpado terá à disposição anos de absoluta interioridade para arrepender-se e reencontrar-se consigo mesmo.

É espantoso fazer lembrar que o cárcere corrompe e não redime, e que a reunião de dezenas de bandidos num grande recinto, em situação de ócio forçado, só pode piorar os ruins e corromper os bons. Mas é tranqüilizante propor como solução a segregação de cada presidiário (o que, como se vê, corresponde ao cegamento).

Nenhuma dessas reformas prevê uma nova autonomia dada ao "povo", seja como classe trabalhadora seja como classe perigosa. Mas tudo isso é absolutamente coerente.

Ante a honestidade de Morel, Sue exclama:

> N'est-il pas enfin noble, consolant, de songer que ce n'est pas la force, que ce n'est pas la terreur, mais le bon sens moral qui seul contient ce redoutable océan populaire dont le débordement pourrait engloutir la société toute entière, se jouant de ses lois, de sa puissance, comme la mer en furie se joue des digues et des remparts!*

Portanto, intervenhamos para fortalecer e encorajar o próvido senso moral nas massas trabalhadoras.

Como? Através de um ato de iluminada inteligência dos "ricos" que se reconhecem depositários de uma fortuna a ser usada para o bem comum: através do "salutar exemplo

---

* Em francês, no texto. Traduzimos: "Não é, enfim, nobre e consolador pensarmos que não é a força, não é o terror, mas o bom senso moral o único a conter esse temível oceano popular cujo transbordamento poderia engolir a sociedade inteira, zombando de suas leis, de seu poderio, como o mar em fúria zomba de diques e muralhas!" (N. da T.)

da associação dos capitais e do trabalho... Mas de uma associação honesta, inteligente, equânime, que asseguraria o bem-estar do artesão sem prejudicar a fortuna do rico... e que, estabelecendo entre essas duas classes liames de afeição, *sauvegarderait à jamais la tranquillité de l'Etat*".

A tranqüilidade, que no romance de consumo assume a forma da consolação como reiteração do esperado, na formulação ideológica assume o aspecto da reforma que muda alguma coisa a fim de que tudo permaneça como antes. Isto é, a forma da ordem que nasce da unidade na repetição, da estabilidade dos significados adquiridos. Ideologia e estrutura narrativa encontram-se numa fusão perfeita.

5. E isso nos é confirmado por um particular aspecto do romance de Sue. Trata-se de um artifício narrativo que se apresentará de modo muito claro ao leitor e que não saberíamos indicar de modo melhor que este: "mãe, eu estou morrendo de sede!".

Referimo-nos a uma velha anedota sobre um fulano que, num trem, fica aborrecendo os companheiros de viagem porque repete sem parar: "mãe, eu estou morrendo de sede!". Levados ao paroxismo pelo estribilho, na primeira estação, os passageiros precipitam-se até as janelinhas em busca de uma bebida qualquer para o coitado. O trem parte novamente, há um instante de silêncio, em seguida o desgraçado começa a repetir, *ad infinitum*: "mãe, eu estava morrendo de sede!".

Ora, a cena típica, em Sue, é a seguinte: um grupo de desventurados (os Morel, a Louve na prisão, Fleur-de-Marie em pelo menos três ou quatro situações) lamentam-se ao longo de páginas e páginas expondo situações penosíssimas e lacrimosas. Quando a tensão do leitor atinge o máximo, chega Rodolphe, ou alguém por ele, e cura a chaga. Imediatamente, a história recomeça por páginas e páginas, com os mesmos protagonistas conversando entre si, ou conversando com outros recém-chegados, a quem passam a relatar como estavam mal, momentos atrás, e como Rodolphe os salvou do mais negro desespero.

Ora, é verdade que o público gostava de ouvir repetir e reforçar tudo quanto tinha acontecido, e qualquer comadre que chorasse sobre os casos das personagens de Sue, ter-se-ia comportado de maneira igual em caso análogo. Mas a razão secreta do mecanismo "mãe, eu estava morrendo de sede" parece-nos outra: a de que esse mecanismo permite exatamente reportarem-se as situações a como eram antes de serem modificadas. A modificação desata um nó, mas não extirpa nada (não muda a corda). O equilíbrio, a ordem, interrompidos pela violência informativa do lance teatral, são restabelecidos sobre as mesmas bases emotivas de antes. E, sobretudo, as personagens não "mudam".

Ninguém "muda" nos *Mistérios*. Quem se converte já era bom antes, quem era mau morre impenitente. Não acontece nada que possa preocupar alguém.

O leitor é consolado seja porque acontecem centenas de coisas admiráveis, seja porque essas coisas não alteram o movimento ondulante da realidade. O mar continua a fluir, só que por um momento choramos, alegramo-nos, sofremos e gozamos. O livro faz detonar uma série de mecanismos gratificantes dos quais o mais completo e consolador é o fato de que tudo continua em ordem. E o que muda, muda na direção do fantástico puro: Maria sobe ao trono, Cinderela sai da crisálida. No entanto, morre: por excesso de prudência.

Dentro da máquina o sonho é livre, sem freios. Rodolphe está na esquina, para cada um de nós. Basta sabermos esperar.

Notou-se que o ano em que morre Sue é o ano em que aparece *Madame Bovary*. E *Madame Bovary* é o relato crítico sobre a vida de uma mulher que lia romances semelhantes aos de Sue, e com eles aprendera a esperar algo que não teria chegado. Seria injusto vermos o homem Sue e o Sue escritor apenas à luz simbólica dessa dialética impiedosa. Mas é útil vermos os problemas de uma narrativa de consumo, de Sue aos nossos dias, dominados pela sombra de uma consolação mistificadora.

I BEATI PAOLI E A IDEOLOGIA DO ROMANCE "POPULAR"

Não se pode dizer que falte à literatura italiana tradição no campo do romance histórico: todas as discussões românticas são dominadas por esse tema e, quando mais não seja, até mesmo *Os Noivos* incluem-se nesse gênero literário. Seria fácil então definirmos *I Beati Paoli** como um rebento bastante tardio desse filão e, uma vez que não se lhe podem atribuir inovações no "gênero", nem no nível lingüístico nem no das estruturas narrativas, bastaria lê-lo por seu valor local e pela não pouca luz que projeta sobre episódios históricos ignorados da maioria (e, ao que parece, não de todo estranhos à realidade contemporânea da ilha).

Entretanto esse livro apresenta vários motivos de interesse para uma sociologia da narratividade. De fato, antes de mais nada, achamos que a clave justa para lê-lo é esta: *I*

* Luigi Natoli (William Galt), *I Beati Paoli*, surgido entre 1909 e 1910 em *Il giornale di Sicilia*. (N. do A.)

Beati Paoli não deve ser visto como exemplo de romance histórico, e sim de romance "popular". Seus ascendentes, por conseguinte, não são Guerranzzi, Cantù ou D'Azeglio, mas Dumas, Sue ou, para ficarmos na Itália, Luigi Gramegna (autor de uma vasta epopéia saboiana de capa e espada, injustamente esquecida). Do romance popular guarda o livro de Natoli algumas características estruturais e ideológicas que sob vários aspectos o tornam (além de narrativamente agradável) sociologicamente atual.

Romance Histórico e Romance "Popular"

Certamente a distinção entre histórico e popular corre o risco de tornar-se grosseira, quando pensamos na popularidade que gozaram romances de embasamento "histórico", como os de Scott, ou de D'Azeglio ou de Tommaso Grossi. Não há dúvida, por outro lado, que muitos romances populares são também romances históricos. Basta citarmos *Os Três Mosqueteiros* – embora fosse possível demonstrar o contrário e lembrar *O Conde de Monte Cristo* ou *Os Mistérios de Paris*, isto para apontarmos romances populares de argumento não histórico mas contemporâneo. Enfim, tanto o romance histórico quanto o popular mergulham suas raízes no romance "gótico": nele pescam à farta tanto um romancista "histórico" como Guerrazzi quanto cronistas da irrealidade contemporânea como Ponson du Terrail ou os autores de *Fantômas*. A cavaleiro sobre os dois gêneros, também o romance de Natoli paga abundante tributo à tradição "gótica". Só para começar vejamos, no início, quando Natoli põe em cena o seu "vilão" principal, Dom Raimondo Albamonte:

Ainda não tinha trinta anos; era esbelto, nervoso; o rosto pálido, mas como que invadido por nuvem sombria, que podia parecer tristeza se um certo imprevisto lampejar dos olhos não fizesse pensar no coruscar de relâmpagos longínquos em céu nebuloso. Os lábios finos desenhavam-se apenas e a boca mais parecia uma longa ferida ainda não cicatrizada...

Com tudo isso nada tinha de feminino. Talvez, examinando bem o ângulo do maxilar e a curva da boca, um olho escrutador de almas teria podido ali surpreender certa dureza fria e egoísta; talvez também algo de felino, isto é, paciência e ferócia...

Retrato canônico: parte do Giaour de Byron e chega até o Capitão Blood de Raphael Sabatini e ao James Bond de Fleming[1]. A esse arquétipo Mario Praz dedica até mesmo um capítulo do seu *A Carne, a Morte e o Diabo,* e basta o retrato de Schedoni em *O Italiano ou O Confessionário dos Penitentes Negros*, de Ann Radcliffe, de 1797, para nos poupar de outros confrontos:

> Sua figura impressionava... era alta, e, embora extremamente magra, tinha membros grandes e desgraciosos, e como caminhava a passos largos, envolto nas negras vestes de sua ordem, havia algo de terrível em seu aspecto; algo de quase sobre-humano. Além do mais, o capuz, lançando uma sombra sobre o lívido palor do rosto, aumentava-lhe a ferocidade, e conferia um caráter quase de horror aos grandes olhos melancólicos. De uma melancolia que não era a de um coração sensitivo, ferido, mas a de uma tétrica e feroz natureza. Havia naquela fisionomia um não sei quê de extremamente singular, difícil de definir. Trazia os traços das grandes paixões, que pareciam haver fixado esses lineamentos já por elas não mais animados. Tristeza e severidade habituais predominavam nas profundas linhas de seu semblante, e os olhos eram tão intensos que com um só olhar pareciam penetrar no coração dos homens, e ler-lhes os secretos pensamentos; poucos podiam tolerar-lhes a sondagem, ou mesmo suportar encontrá-los uma segunda vez.

De qualquer maneira, caso não baste uma chamada para o início do livro, eis aqui outra, referente à segunda metade: trata-se da tentativa de execução de Dom Raimondo nas masmorras, naquele misterioso emaranhamento de criptas que atravessa Palermo e que, no caso, desemboca nos subterrâneos do Palácio Albamonte. Do *Monge* de Lewis em diante, o gótico é toda uma farta utilização de subterrâneos e cavernas artificiais, onde acontecem os crimes mais sangrentos, obviamente à luz de tochas. E esse é um *topos* que seja o romance histórico seja o popular jamais abandonarão. Provam-no as masmorras e os subterrâneos devidamente modernizados pelo próvido urbanismo napoleônico, que retornam sob o aspecto dos esgotos de Paris, tanto nos *Miseráveis* (onde lhes são dedicadas dezenas de páginas, densas de tenebrosas evocações) quanto na vasta epopéia de *Fantômas* que Souvestre e Allain escrevem exatamente nos mesmos anos em que Natoli publica *I Beati Paoli*. Últi-

---

1. Cf. o nosso "As Estruturas Narrativas em Fleming".

mo avatar do tópico, temos os esgotos de Viena, desta vez no cinema, em *O Terceiro Homem*, de Carrol Reed.

Dito isto, ainda não esclarecemos por que o romance de Natoli nos parece inscrever-se não no filão histórico mas no popular. É certo, porém, que o romance histórico nasce com intentos estéticos e intentos cívicos. Diz Guerrazzi, sobre a *Batalha de Benevento*: "eu não quis fazer romances, mas poemas em prosa"; e D'Azeglio, a propósito do *Fieramosca* afirma: "meu escopo... era iniciar um trabalho de regeneração do caráter nacional".

Portanto, o romance histórico, além do velho apelo à "verdade histórica", é um romance de fundo exortativo, no qual predominam, propostas como modelos positivos, várias virtudes. E a tal ponto está cônscio o romance histórico de exercer funções que exorbitam da pura proposta de máquina narrativa, que a cada passo gera sua própria reflexão metanarrativa, interroga-se sobre seus fins, discute com os leitores, como faz por exemplo, e mais que todos, Manzoni. O romance histórico é filho de uma poética bastante cônscia de si mesma, e continuamente se questiona sobre a própria estrutura e a própria função.

O romance popular, ao contrário, além de ter outras características que examinaremos mais adiante e que constituem sua marca ideológica fundamental, nasce como instrumento de entretenimento de massa e não se preocupa tanto em propor modelos heróicos de virtude, quanto em descrever com certo cinismo caracteres realistas, não necessariamente "virtuosos", com os quais o público possa tranqüilamente identificar-se para daí extrair as gratificações a que nos referiremos.

Ettore Fieramosca é um modelo humano inatingível; D'Artagnan, ao contrário, é como todos. (O fato de que posteriormente Manzoni seja capaz de jogar tanto com caracteres "utópicos" quanto com personagens "vis" e realistas, produzindo com Dom Abbondio-Renzo-Federico-Frei Cristoforo uma seqüência de realismo decrescente e idealidade exemplar crescente, significa apenas que sabia sair dos esquemas; mas, por outro lado, também as personagens comuns e vis, se não constituem modelo moral no positivo, constituem-no em negativo, e também elas servem para induzir o leitor a refletir e daí extrair um ensinamento: o que não acontece nem com D'Artagnan nem com Blasco). Sem interrogar-se mais que o necessário sobre as motivações morais de suas personagens, o romance popular nem mesmo se interroga sobre o próprio estilo. No encontro realizado em 1967, em Cerisy, sobre a "paraliteratura", termo empregado pela maioria para designar o romance popular e seus derivados, deu-se da paraliteratura uma definição apta a discriminá-la em relação à Literatura com "L" maiúsculo: "O que é paraliterário contém aproximadamente todos os elementos que constituiriam a literatura, exceto a inquietação em relação à própria significação, exceto o questionamento de sua própria linguagem"[2].

De fato, o romance popular não inventa situações narrativas originais, mas combina um repertório de situações "tópicas" já reconhecidas, aceitas, amadas por seu público: caracteriza-o esta atenção à demanda implícita dos leitores, como acontece hoje com o romance "série amarela". Os leitores, por seu lado, pedem ao romance popular (que é um instrumento de divertimento e evasão) não tanto que lhes proponha novas experiências formais ou subversões dramáticas e problemáticas dos sistemas de valores vigentes, mas exatamente o contrário: que reforce os sistemas de expectativa integrados na cultura vigente e com ela conformes.

O prazer da narração, como já vimos alhures[3] é proporcionado pelo retorno ao já conhecido – retorno cíclico que se verifica seja no interior da própria obra narrativa seja no interior de uma série de obras narrativas, num jogo de cúmplices chamadas de um romance para outro.

A obediência a essa regra alicerça o romance popular na sua natureza mais típica, não é um defeito. Assim como pertence à regra do jogo o multiplicar, junto com os episódios, a ocorrência de retornos tópicos, e a aceitação de uma psicologia sumária, aplicável a todos os *avatares de um mesmo arquétipo romanesco*.

2. AA. VV., *Entretiens sur la Paralittérature*, Paris, Plon, 1970, p. 18.
3. V. o nosso *Apocalípticos e Integrados*, São Paulo, Perspectiva, 1968, e em particular as observações sobre "Defesa do esquema iterativo" e "O esquema iterativo como mensagem redundante" no ensaio sobre Superman.

Do romance popular, na verdade, o livro de Natoli guarda a extrema petulância com que copia os modelos precedentes, a liberdade com que estica os acontecimentos, com que reabre as partidas já encerradas, a desenvoltura com que fornece como pré-fabricada a psicologia de seus protagonistas.

Antes de mais nada, como que estabelecendo um liame e corroborando nossa hipótese, Blasco é a cópia exata de D'Artagnan: audacioso, arruinado, e *social climber* como o gascão, como ele entra em cena montado num cavalo pesadão e avelhentado e quando põe o pé na estalagem por pouco não é desancado a bastonadas: tem a sua Milady (porque ao menos por volta da metade do romance, Gabriella vagamente desempenha o papel da perversa vingativa) que se transforma na sua Constance (Gabriella, como Constance Bonacieux, morre envenenada enquanto D'Artagnan-Blasco lhe aflora com um último beijo os lábios já frios); tem o seu Richelieu em Dom Raimondo, que no início procura apadrinhá-lo; tem o seu Athos em Coriolano della Floresta. Na metade do livro, trava um duelo com três fidalgos piemonteses, recontro que copia passo a passo o duelo atrás do convento dos Carmelitas Descalços, incluída a amizade que, daquele momento em diante, ligará os contendores. Tem o seu cerco de La Rochelle e a sua patente de capitão, só que se torna duque no fim, por acréscimo, ao passo que D'Artagnan precisa esperar três volumes para receber um bastão de marechal de França, e ao recebê-lo, morre.

O romance, embora adensando os episódios e reabrindo os que pareciam fechados, não desdenha em recorrer por momentos à estrutura picaresca, e vemos o herói realizar várias peregrinações, encontrar e reencontrar velhas e novas personagens, enfrentar adversidades inauditas, sem jamais perder suas características de irresponsável jovialidade.

Quanto à psicologia, Raimondo é o único a manter certa fidelidade a seu papel de vilão; Blasco passa através das suas muitas aventuras com uma certa disponibilidade que medeia entre a irreflexão e o cinismo, Gabriella aparece no início como um anjo, torna-se em seguida uma espécie de Milady de Winter, toda faceirice e propósitos homicidas, para transformar-se a certa altura em amante apaixonada e devotada e, por fim, em madalena redimida pela morte.

Não seria errado irmos buscar o modelo dessa complexidade emotiva em certas heroínas stendhalianas, mas a analogia pára aí. Como criatura artística, Gabriella faz água um pouco por todos os lados. Como faz água também seu meio-irmão Emanuele, cuja conversão de rapazinho altivo em pequeno e nojento arrivista é um pouco rápida demais. Tais observações, porém, não devem ser registradas com o intuito de apanhar Natoli em falso, porquanto seu comportamento é perfeitamente coerente com a poética narrativa do romance popular: o que importa é o enredo, o lance dramático, a expansão desabusada de uma narratividade sem freios – e mais que tudo, mas sobre isto retornaremos mais tarde – o delinear-se de um drama entre oprimidos e opressores com a presença resolutiva do herói carismático, ou melhor, do Super-homem.

Inscrito Natoli no filão do romance popular, será preciso agora resolvermos apenas algumas modalidades cadastrais. Porque a história do romance popular é hoje escandida em três grandes períodos, e o caso Natoli poderia parecer atípico:

– *primeiro período*, ou *período romântico-heróico*: tem início nos anos trinta do século XIX, é paralelo ao desenvolvimento do folhetim, ao nascimento de um novo público de leitores, pequeno-burguês e também artesão-operário (veja-se o destino da obra de Sue e de Dumas), e inspira até alguns narradores julgados "superiores" que do romance popular extraem temas, estruturas narrativas, caracteres e soluções estilísticas, como Balzac.

– *segundo período*, ou *período burguês*: situa-se nas últimas décadas do século XIX, compreende os Montepin, os Richepin, os Richebourg e a nossa Carolina Invernizio. Enquanto o romance do período procedente, além de popular fora *populista* e em certa medida, "democrático", este pertence à era do imperialismo, é reacionário, pequeno-burguês, amiúde racista e anti-semita. A personagem principal não é mais o herói vingador dos oprimidos, mas o homem comum, o inocente que triunfa dos seus inimigos depois de longas atribulações.

– *terceiro período*, ou *neo-heróico*: começa nos primórdios do novecentos e vê em cena os heróis anti-sociais, seres excepcionais que já não vingam os oprimidos mas empenham-se em realizar seu próprio plano egoístico de poder: são Arsène Lupin ou Fantômas.

Ora, *I Beati Paoli* aparece no terceiro período mas com características do primeiro. É uma espécie de *Leopardo* do romance popular, que consegue revisitar de modo muito espontâneo e com felizes resultados um estilo ultrapassado. Não nos esqueçamos, por outro lado, de que através das traduções Sonzogno e Nerbini os romances do primeiro período difundiam-se na Itália exatamente ou ainda naqueles anos, e portanto a sensibilidade jornalística de Natoli fazia-o perceber a atualidade, para um público de massa, daquele estilo novelesco por ele retomado com indubitável mestria.

Assim, do romance popular do primeiro período, Natoli resgata também o tema central: a luta maniquéia do bem contra o mal, vivida por uma comunidade de oprimidos vingada pelo Super-homem herói. E o retoma também porque o próprio tema que ele quer tratar presta-se admiravelmente a esse esquema. Quanto a serene ou não *I Beati Paoli* o relato dos antecedentes históricos da Máfia, é a própria estrutura ideológica do romance de folhetim na sua primeira maneira, tal como a definiram Marx, Engels e Gramsci, que parece feita de propósito para dar voz a essa reevocação[4].

Tópicos do Romance Popular

Em seu ensaio sobre o romance popular, Jean Tortel[5], resumindo as características dos três períodos citados, mas referindo-se em particular aos tipos do primeiro e terceiro período, apresenta uma espécie de sumário que, aplicado à

---

4. As notas, breves mas esclarecedoras, de Gramsci sobre o romance popular, acham-se em *Letteratura e Vita Nazionale*, parte III, "Letteratura Popolare"; vejam-se em particular as páginas 108-111, 116-125 da edição Einaudi. As observações de Marx e Engels estão espalhadas, *passim*, ao longo de *A Sagrada Família* que, como se sabe, constitui uma leitura polêmico–ideológica de *Os Mistérios de Paris*, de Eugène Sue. Sobre essas interpretações, v. o nosso "Eugéne Sue, o Socialismo e a Consolação".
5. "Le roman populaire", em *Entretiens sur la Paralittérature*, op. cit.

leitura de *I Beati Paoli*, parece até escrito para a ocasião. Julgamos oportuno voltar a essas páginas porque elas servem singularmente para revelar as estruturas constantes a que também Natoli se reportou, e que determinaram sem sombra de dúvida a incorporação desse livro ao filão sociológico e estético do romance popular.

Nele temos sempre um universo maniqueu submetido às duas ações opostas do bem e do mal. A sociedade, sempre conturbada, está todavia sempre em equilíbrio. De um lado estão os que sofrem, sofrendo seja a ação criminosa dos prevaricadores seja a ação corretiva dos benfeitores, passivamente: são os inocentes, ao mesmo tempo protegidos e vítimas. Não têm possibilidade de participação ativa, são povo laborioso, jovens seduzidas, plebe a quem toca somente aguardar e ter esperança. No fim das contas a luta, ainda que possa perdê-los ou salvá-los, não lhes diz respeito, e passa por cima de suas cabeças. É questão que diz respeito aos heróis e protagonistas. Quando alguém emerge dessa massa para tentar tornar-se um protagonista, colocando-se a serviço dos protagonistas verdadeiros, acaba no fim sendo destruído, quer tente a aventura do crime quer experimente aliar-se ao herói (típico exemplo é o do Chourineur em *Os Mistérios de Paris*; mas o mesmo ocorre também em *I Beati Paoli*, onde os adeptos menores da seita acabam na forca, ao passo que Coriolano possui uma espécie de imunidade, não só por direito de classe mas também por exigência mítica, visto que pertence à coorte dos super-homens).

Contra os oprimidos e os inocentes ergue-se o grupo dos dominadores, sejam eles maus ou bons. Às vezes o dominador pode provir das classes mais miseráveis (como o Rocambole dos primeiros romances) mas, beijado na testa pelo destino novelesco, passa efetivamente a fazer parte da classe hegemônica, ainda que sob invólucros mentirosos, e a partir desse momento já não a deixa mais. O mesmo acontece com Blasco. Em todo caso, o dominador de origens humildes não se afirma como humilde que defenda as virtudes da própria classe: é envolvido pela classe superior e dela assume os modos e a ideologia.

Os dominadores, lutem eles pelo bem ou pelo mal, usam os mesmos métodos de luta: métodos anti-sociais, golpe por golpe, o fim justifica os meios, a justiça deve triunfar ainda que usando o punhal, porque, como veremos a propósito do super-homem, é o dominador que se arvora em fonte da justiça e não a justiça, como lei da sociedade, que determina os movimentos do dominador.

Portador de uma lei e de uma moralidade que a sociedade ainda não conhece ou a que a sociedade se opõe, o Herói não escolhe para impô-las o meio habitual aos heróis revolucionários, isto é, aos intérpretes das exigências populares: não recorre ao povo para pedir que ratifique com seu consenso e sua participação ativa a nova lei e a nova moralidade. Decide impô-las por meios ocultos – visto que o poder oficial a que se opõe não aceita a sua justiça, e o povo, pelo qual combate, não é chamado a com ele partilhar da responsabilidade. Seu único instrumento só pode ser, portanto, *a sociedade secreta*.

Da Companhia de Jesus, tal como é apresentada em *O Judeu Errante*, aos Hábitos Negros de Ponson du Terrail, dos filhos de Kali, sempre de Ponson du Terrail, ao pacto de sangue dos Três Mosqueteiros, dos Treze balzaquianos aos nossos Beatos Paulos, a sociedade secreta é a máscara do herói e ao mesmo tempo seu braço secular. O ser uma sociedade confere-lhe por vezes a aparência legalista de pacto social, mas o fato de depender do projeto do herói qualifica-a efetivamente como o artifício através do qual este amplia o raio de seu poder ao invés de fundamentar-lhe a legitimidade. Esteja ela a serviço do vilão ou do justiceiro, a sociedade secreta pouco muda as características formais do romance popular ou os métodos nele empregados. Rocambole, após a conversão (a virada acontece após *A Morte do Selvagem*) mata os maus com a mesma fria determinação com que antes matava os bons. Os Beatos Paulos não empregam meios muito diferentes dos de Dom Raimondo, e justamente por isso Blasco não lhes consegue aceitar totalmente a ética e o programa. Mas não é Blasco o protagonista carismático do livro, ele não é Monte Cristo ou Rodolphe de Gerolstein, porque essa função é assumida por Coriolano della Floresta. E até nisso Blasco evidencia suas afinidades com D'Artagnan, herói portador da ação, guiado na sombra pelo herói portador do carisma, que é Athos – como sutilmente percebera Gramsci. Tanto isso é verdade que amamos D'Artagnan e Blasco, e não Athos (destruído por um amor trágico, e finalmente afastado) nem Coriolano. O herói carismático (característica que ainda encontramos nos super-homens dos quadrinhos) é casto e imune ao desejo, não consumido por paixão alguma nem possuído por nenhuma mulher (também Rodolphe de *Os Mistérios de Paris*, como Athos, amarga as lembranças de um amor longínquo e de uma desilusão que o paralisou pelo resto da vida).

Armados um contra o outro, os dominadores constituem duplas de inimigos mortais, cuja luta se desenrola acima do povo que eles perseguem ou protegem. Às vezes a dupla explicita-se de imediato (Juve contra Fantômas), às vezes delineia-se apenas a uma observação mais acurada, como no livro de Natoli: onde a oposição ocorre não entre Blasco e Dom Raimondo, mas paralelamente, entre Blasco e Emanuele de um lado, e Coriolano e Dom Raimondo do outro.

O jogo opositivo entre os dois inimigos exige que o inimigo como encarnação do obstáculo vez por outra se renove, imprevisivelmente, mesmo quando a partida parecia terminada. A luta de Juve contra Fantômas, que se prolonga indefinidamente por volumes e volumes (à semelhança do que ocorre com seu decalque quadrinhista atual, a história do comissário Ginko contra Diabolik) constitui o exemplo canônico dessa mecânica. Mas também *I Beati Paoli* responde às prescrições de seu gênero, e os episódios encaixam-se e renovam-se, encerram-se e reabrem-se interminavelmente: como no final de uma sinfonia de Beethoven (melhor ainda, como numa sua consciente enfatização parodística) a batida de bombo que anuncia o fim na verdade revela, por trás da cortina que está para fechar, uma nova conclusão que recomeça, e assim por diante, através de centenas e centenas de páginas. *I Beati Paoli* começa a terminar passados três quartos de seu percurso e explode numa cadeia de epílogos que não cicatrizam nunca.

Embora se deva continuamente renovar, essa oposição deve igualmente fundamentar sua natureza metafísica (bem contra mal) sobre um lado humanamente dramático e assombroso: esta, aliás, é outra das constantes do folhetim, o artifício dos *irmãos inimigos*, a que vemos Natoli recorrer repetida e pontualmente.

O tópico dos irmãos inimigos une-se amiúde (como nesse romance) ao da *geração antitética*: o pai malvado gera o filho bom que restabelecerá a justiça onde injustiças foram por aquele cometidas ou vice-versa.

Em *I Beati Paoli*, a geração antitética desdobra-se e embaraça-se numa série de quiasmos, porque um pai libertino gera tanto um filho libertino quanto um virtuoso; os filhos são bons na inocência de cada um em relação às responsabilidades do pai (o qual é bom, como irmão inimigo, em relação a Raimondo); mas os dois filhos vão ser, em seguida um mau e o outro bom, em oposição recíproca. Quanto ao irmão inimigo do pai, esse gera um anjo de virtude, Violante, que no fim entra em relação de parentesco com Blasco, o filho-irmão bom.

Nesse jogo de "conotações elementares de um parentesco" as valências, como vemos, complicam-se, porque ninguém é bom ou mau em absoluto, mas cada um assume uma qualificação em relação ao outro. Para quem gosta de brincar de diagramas, eis como seria possível representar esta série de relacionamentos:

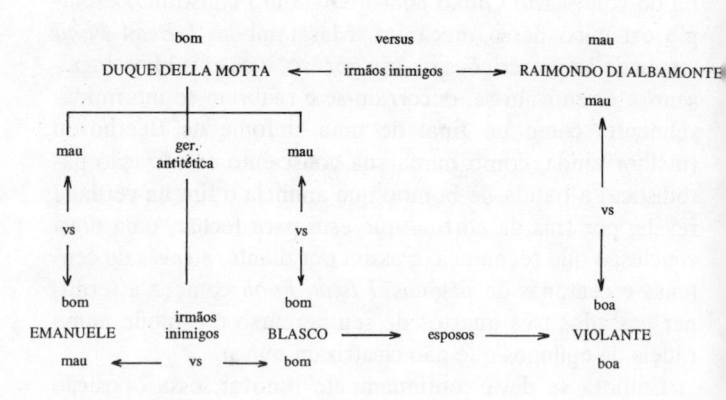

```
              bom                    versus                      mau
       DUQUE DELLA MOTTA  ←—— irmãos inimigos ——→  RAIMONDO DI ALBAMONTE
       ┌──────┬──────┐                                          mau
                                                                 ↑
      mau    ger.    mau                                         │
           antitética                                            vs
       ↑            ↑                                            │
       vs           vs                                           ↓
       ↓            ↓
      bom          bom                                          boa
   EMANUELE    irmãos   BLASCO  ——→  esposos  ——→           VIOLANTE
      mau  ←— inimigos —→ bom                                   boa
```

88

Onde vemos que só Raimondo é sempre mau e só Blasco é sempre bom, casando-se indefectivelmente no fim com Violante, boa de valência simples. Com o sacrifício de Gabriella, que resume em si as valências opostas das várias personagens em jogo: boa em relação a Dom Raimondo (e má porque, afinal, o trai), boa-má em relação a Blasco, boa-má em relação a Violante. Sua inverossimilhança psicológica torna-se praticamente necessidade emblemática em nível de estruturas actanciais* do drama, e sua morte é o mínimo que o narrador pode excogitar a fim de libertar o relato de uma contradição permanente que impede que as coisas entrem nos eixos (e aqui a chamada talvez valha também para certas meigas escravas salgarinas, que os leitores sempre gostariam de ver casadas com os heróis, porque mais humanas e simpáticas do que as heroínas de beleza gélida e virginal; ao passo que o autor no fim sempre as faz miseramente perecer, pois de outro modo as valências mitológicas iriam pelos ares e os leitores não mais conseguiriam colocar as peças no lugar certo, como querem as leis do romance popular). Da mesma forma observavam Marx e Engels que no fim de *Os Mistérios de Paris*, Fleur-de-Marie, de prostituta virgem que era, transformada em princesa Amélie, tem que morrer, porque embora o leitor possa aceitar a redenção, é difícil para a moral burguesa aceitar a idéia de que uma ex-prostituta, ainda que inocente, seja premiada com um trono. Poderíamos dizer que essas curiosas figuras de personagens (freqüentemente femininas, mas às vezes também masculinas: haja vista o Chourineur), de "cornudos e espancados", servem exatamente para introduzir no romance popular um veio de humanidade; porque não têm a rigidez emblemática das outras personagens, mas justamente por isso estão destinadas à eliminação. Curiosamente seu destino trágico é o que, no romance "culto" ou "empenhado", atinge, muito pelo contrário, o herói, que é, além do mais, *herói problemático*, e o romance (que reflete sobre suas próprias estruturas e sua próaria função) não

---

* Referente a *actante*, isto é, aquele que, no percurso narrativo, sofre ou executa a ação. Ver A. J. Greimas e J. Courtès: *Dicionário de Semiótica*, São Paulo, Edit. Cultrix, s/d. (N. da T.).

pode senão votá-lo à desgraça; ao passo que o romance popular, apresentando-nos personagens mitológicas, vota-as ao êxito e à monodimensionalidade e portanto, deve, ao fim e ao cabo, no-las restituir coroadas pela felicidade (ou no máximo, para algumas, por uma morte serena, prevista em decorrência da idade, ou em todo caso, aureolada de algo semelhante a um prêmio sobrenatural).

Para terminarmos esta resenha das constantes do romance popular, lembraremos que Tortel (abundantemente citado e também abundantemente integrado neste nosso arrolamento apressado) procura, enfim, circunscrever o "espaço" imaginativo do romance popular, desenvolver uma topologia desse universo no qual os lances dramáticos se sucedem e a luta entre o bem e o mal parece sempre regenerar-se, sem quaisquer atenuações nem mesmo no final, deixando aberto um respiradouro sobre uma possível continuação dessa dialética, numa espécie de pessimismo consolatório, e de otimismo trágico, como para dizer ao leitor que a contradição entre bem e mal é uma constante da história, que ele sempre será vítima dessa contradição, e que nada, nem mesmo o romance que no momento o consola, poderá subtraí-lo a seu destino.

É que a imagem obsessiva não pode incidir sobre outro espaço que não ela mesma. Aqui [ele está falando da descoberta final do trigésimo-segundo volume da série de Fantômas, onde se fica sabendo que Juve e Fantômas são irmãos], por uma curiosa invenção romanesca, todo o espaço simbólico da identidade dos contrários é preenchido. Um universo irracional, impossível, petrificou-se de repente nesta afirmação inverossímil e necessária de que os dois adversários, os dois dominantes, opostos e iguais, voltam a ser uma unidade. O bem e o mal, cuja origem é comum, compõem-se numa dupla de forças iguais e sentido contrário. Este o mecanismo que a primeira imagem alucinante pôs a funcionar e que não mais se deterá. Cada uma das duas faces invertidas e inseparáveis persegue o seu duplo, a sua face negativa, que ela só alcançará na catástrofe final, quando só então é dado a Juve ver o rosto do irmão: 'então a voz dos sonhos tinha dito a verdade!'... A estrutura do romance popular é repetição pura, obsesso-obsessiva, de um único tema: o acesso à dominação, esta última figurada na empresa que se propõe aquele a quem chamamos o herói.

Ora, não nos será permitido usar essas observações como apólogo não digo da empresa de Natoli (que depende das leis do gênero literário em que se insere) mas do próprio assunto que o inspira e o leva a escolher a forma-folhetim do primeiro período, quase cem anos depois de sua primeira aparição e pelo menos cinqüenta anos após seu desaparecimento?

Atendo-se a narrar a história de uma sociedade secreta dominada por um herói fundador de leis autônomas, por ele sobrepostas às da sociedade para realizar uma justiça dele e uma racionalidade dele, não teria sido Natoli constrangido a assumir as leis *daquele* gênero, único a poder fornecer uma justificação ideológica (e ao mesmo tempo um desmascaramento, para além de suas intenções) à história que ele reconstruía? A natureza profunda do folhetim não concerne à luta de um suposto bem contra um suposto mal que no fim se descobrem muito semelhantes? Essa raça de vingadores que nascem para defender o povo e assumem fatalmente, com os métodos, o rosto dos perseguidores contra os quais combatem, essa virtude que vive como criminalidade (ou essa criminalidade que se apresenta como virtude) não são uma marca comum às sociedades secretas autênticas das quais os Beatos Paulos eram uma, e ao que parece não a última, das encarnações?

E onde reside, para as criaturas imaginárias, e para as reais, o mecanismo que as grava com essa ambigüidade fundamental e definitiva? E que as impele obsessivamente a repetir suas vicissitudes, sem nunca encerrarem a partida, inventando novos rostos para o inimigo, num sonho sangrento, num jogo trágico, onde o bem e o mal são abstrações romanescas, e a realidade é a da violência tenebrosa, alternadamente ideologizada ora como ato de solidariedade ora como perseguição de prevaricadores? Não estará, esse pecado original, numa separação entre o Herói e o povo pelo qual diz ele bater-se?

E eis que se faz mister voltar à raiz do mito portante do romance popular, a figura do herói como Super-homem. Aquele super-homem que, como bem observara Gramsci, antes de aparecer nas páginas de Nietzsche (ou de seus falsificadores ideológicos nazistas) surge, nas páginas do romance popular populista e democrático, como portador de uma solução autoritária (paternalista, auto-garantida e auto-alicerçada) para as contradições da sociedade, e atuando, sobranceiro, acima da cabeça de seus membros passivos.

Ideologia do Super-homem e da Sociedade Secreta

O filão que decidimos chamar de "romance popular" nasce e afirma-se na França depois que Emile de Girardin funda em 1833 *Le musée des familles*. Não há dúvida que se poderia falar em romance popular com referência ao filão narrativo, mais antigo, anglo-saxão, que da *Clarissa* de Richardson e dos romances de Fielding ou de Defoe, passando pelas obras-primas da *gothic novel* chega até Dickens. Trata-se, com efeito, do aparecimento de uma narrativa para a burguesia, influenciada pelo fato de que também as mulheres começam a tornar-se compradoras de mercadoria romanesca.

Vários, porém, são os fatores concomitantes que caracterizam especificamente o romance popular francês da época em pauta: a imprensa popular proposta por Girardin alcança as classes mais humildes da população e sabemos que durante a publicação em capítulos de *Os Mistérios de Paris* até os analfabetos se reuniam nas portarias para que alguém lhes lesse o episódio recém-publicado*. É o nascimento de um novo público, ao qual a narrativa popular fala mas também do qual fala. As plebes, as classes subalternas começam a tornar-se o objeto da narração. Pensemos, não só nos *Mistérios de Paris*, mas no *Judeu Errante* e nos *Miseráveis*, para chegarmos até às personagens e ao universo proletário turinense que aparece nas páginas de Carolina Invernizio. O romance popular francês não fala do povo só para poder vender ao povo: sofre, de fato, o impacto de uma situação política e social geral, é contemporâneo do nascimento dos movimentos socialistas (*Os Mistérios de Paris* antecipam de alguns anos as barricadas de 48), é escrito por narradores que de um modo ou de outro se sentem envolvidos numa batalha "democrática". Sue, como sabemos, consuma sua experiência dandística para tornar-se, primei-

---

* Lembramos que fenômeno semelhante ocorreu quase concomitantemente nas cidades brasileiras servidas pela imprensa periódica, responsável na época pela divulgação das traduções para o português de todos os grandes títulos do romance de folhetim francês. V. Nelson Werneck Sodré: *A História da Imprensa no Brasil*, pp. 279-280, Edit. Civilização Brasiileira S.A., Rio, 1966. (N. da T.).

ramente, socialista reformista e por fim, socialista revolucionário; Dumas bate-se contra a lei Riancey que ameaça a liberdade de imprensa; Hugo está imbuído de fermentos populistas e de um socialismo a um tempo moderado e místico muito dele... O romance popular da primeira fase apresenta-se como democrático, diferente do da segunda fase, para a qual já se encaminha com Ponson du Terrail, que, ao contrário, usa a canalha e a plebe como pano de fundo para as empresas de suas torpes personagens, sem qualquer preocupação de investigação social.

Mas mesmo quando *sinceramente* democrático, o romance oitocentista não escapa à mistificação que é seu destino, e por razões bastante claras. Como mostramos em nosso estudo sobre Sue, a ideologia desses autores é social-democrático-reformista. A própria forma do romance obriga-os a essa escolha, ou essa escolha os leva a escolher aquela forma: a constante curva narrativa do romance popular quer que no acontecimento irrompam crises e contradições e que depois, com a aparição de um Deus ex-machina, as contradições se resolvam e a ordem volte.

É a extrema depauperação do esquema da tragédia aristotélica, só que ali a curva terminava numa catarse "trágica" (e o discurso do poeta versava sobre o choque do homem com o fado) e aqui, ao contrário, a catarse, por razões de vendibilidade, precisa ser otimista. A estrutura narrativa, que quer uma crise coroada por uma catarse otimista, exige que o universo apresente falhas, mas que essas falhas possam ser sanadas por uma ação reformadora. O romance popular não pode ser revolucinário porque se o fosse, também o modelo narrativo, no qual o público se reconhece e que lhe propicia gratificantes consolações, iria pelos ares. Na narrativa, a revolução efetua-se no nível de formas narrativas "outras", que prefiguram uma definição do mundo diversa, ou melhor, de certo modo afirmam a impossibilidade de aceitarmos o mundo tal como é.

Por isso Balzac não é Dumas, porque Lucien de Rubempré se mata, Pai Goriot morre, Rastignac vence mas a um preço alto e sórdido. Stendhal é revolucionário porque Julien Sorel não pode tentar concretizar seu sonho de vencer na sociedade da Restauração. Dostoiévski é revolucionário porque a falência dos seus heróis é uma crítica à ordem oficial do universo.

Sem poder ser revolucionário porque deve ser consolatório, o romance popular é obrigado a mostrar que, se existem contradições sociais, existem forças que podem saná-las. Ora, tais forças não podem ser as populares, porque o povo não tem poder, e se o tomar, temos a revolução e por conseguinte a crise. Os saneadores devem pertencer às classes hegemônicas. Mas visto que, como classe hegemônica, não teriam interesse em sanar as contradições, devem pertencer a uma estirpe de justiceiros que vislumbrem uma justiça mais ampla e harmônica. E visto que a sociedade não reconhece essa sua necessidade de justiça e não compreenderia esse seu desígnio, devem eles lutar por alcançá-los contra a sociedade e contra as leis. Para consegui-lo devem ser dotados de qualidades excepcionais e terem uma força carismática que legitime sua decisão aparentemente eversiva. Assim se gera o Super-homem.

Os três mosqueteiros agem como super-homens, sobrepondo sua capacidade de discriminar entre bem e mal à míope consideração legalista das autoridades oficiais, e decidem a execução de Milady ou, em *Vinte Anos Depois*, a salvação de Carlos I e a morte de Mordante. Mas dentre eles, o verdadeiro portador do carisma e quem toma as decisões últimas assumindo-lhes a trágica responsabilidade, é Athos. Na série da revolução francesa, de Dumas, o herói carismático é José Bálsamo, que praticamente decide, com o embuste do colar da rainha, o início da revolução. Para tanto, ele, que já é dotado de qualidades sobrenaturais por ser o imortal Cagliostro, também se curva uma sociedade secreta, a seita dos Iluminados da Baviera (que, eventualmente, atrairá as simpatias legitimistas de Joseph De Maistre): a sociedade secreta que decide do bem e do mal é intimamente reacionária e age segundo um princípio místico muito seu, sem procurar relacionar-se com as massas que buscavam Marat ou *O Pai Duchesne*. Monte Cristo é um super-homem que decide da punição de todos os maus sem alimentar qualquer dúvida sobre a legitimidade de seu gesto (garantido por enorme poder econômico) e corrobora o carisma até mesmo com aparições exteriores inspiradas nas pompas orientais. O Rodolphe de Gerolstein, de *Os Mistérios de Paris*, é um super-homem que, do alto de seu carisma régio, julga e manda sobre tudo e todos que lhe caiam nas mãos, e – decididos por ele – tornam-se coisa santa até a inumana tortura a que sujeita o notário Jacques Ferrand, o cegamento do Maître d'école, a destruição final de todos os prevaricadores, bem como a premiação dos bons, que ele antes reúne numa granja-modelo onde paternalisticamente lhes dispensa felicidade e segurança (desde que não se rebelem contra suas decisões).

Na fase imperialista do folhetim serão super-homens maléficos Rocambole e Fantômas, mas, mesmo quando o primeiro se emenda, ei-lo ainda na função de super-homem benéfico. E super-homem é, finalmente, Coriolano della Floresta.

O que os caracteriza a todos é o fato de decidirem por conta própria o que é bom para as plebes oprimidas e como devem elas ser vingadas. Jamais o super-homem é sequer aflorado pela dúvida de que a plebe possa e deva decidir por conta própria e, portanto, jamais é levado a esclarecê-la e consultá-la. Em sua incontinência de virtude ele a rechaça constantemente para o seu papel subalterno, e age com uma violência repressiva tanto mais mistificada quanto mais se dissimula sob a máscara de Salvação. Assim, fatalmente, sua revolta transforma-se num acerto de contas entre Poderes rivais, os quais são duas faces da mesma realidade. Não importam as razões morais ou de necessidade histórica pelas quais a sociedade secreta tenha surgido, o que importa é sua recusa em manifestar-se e em solicitar a conscientização popular. Destarte a sociedade secreta, encarnação coletiva do super-homem, malogra seu ilusório projeto de resistência e libertação e torna-se outra forma de domínio. Nascida contra o Poder ou contra o Estado, age como um Estado dentro do Estado, e em Estado Oculto se transforma, inapelavelmente.

Quem lhe cede ao fascínio, vive o próprio acontecimento onírico como o leitor de romance popular, que pede à página fantástica que o console com imagens de justiça, acionadas por outros, para fazê-lo esquecer que na realidade a justiça lhe é subtraída.

Assim se fecha o círculo de nossa leitura de *I Beati Paoli*: e não tanto o assunto mas a forma narrativa, que o autor foi levado a empregar ao ter que narrar, faz-se para nós documento antológico, indício antropológico de comportamentos recorrentes, reflexo de uma ideologia.

ASCENSÃO E DECADÊNCIA DO SUPER-HOMEM

Vathek

Vathek tinha porte elegante e majestoso, mas quando se encolerizava, um de seus olhos fazia-se tão terrível que quem fosse por ele fitado caía morto na hora. William Beckford, autor de *Vathek* (que como bom inglês costuma recamar de algumas relaxantes amenidades sua resenha de humores negros), observa logo em seguida que Vathek, para não despovoar o reino, raramente desafogava suas cóleras. Mas isso diz ele para tranqüilizar o leitor: e imediatamente, sem dar-lhe pausa, assalta-o com uma sarabanda de iniqüidades, ritos sangüinários numa torre altíssima onde se imolam escravos e serviçais, massacres de crianças inocentes perpetrados sob os olhos dos pais, sacrifícios de concubinas abandonadas às feras, imames, santões e mulás escarnecidos e executados, Maomé ultrajado, hospitalidade traída, comércio com os demônios, adoração do diabo, ritos com o fogo, pauis que emanam miasmas e nutrem ervas venéficas, em torno dos quais uma rainha nua – seguida por duas horríveis negras e um camelo infernal – dança invocando os espíritos – e a seguir, cavalgadas orientais de fausto satrápico, multidões de eunucos e anões, e abismos, salas subterrâneas habitadas por múmias vivas, escaravelhos falantes e frouxas teorias sobre almas danadas a perambularem com a mão direita apertada de encontro ao coração, que arde, naturalmente, por toda a eternidade.

William Beckford escreveu seu romance por volta de 1782 e publica-o em 1786; mais ou menos quinze anos antes, como lembra Salvatore Rosati na introdução a essa edição italiana [1], aparecera *O Castelo de Otranto* de Walpole, que iniciava oficialmente a época do "gothic"; e em 1756 Edmund Burke escrevera a sua *Pesquisa Sobre a Origem das Idéias do Sublime e do Belo*, que devia dar o sinal de partida a todas as especulações sobre o "deleitoso horror" que a arte pode proporcionar quando põe em ação fenômenos imanes que ultrapassam o alcance de nossa imaginação. Como salientava Burke:

> Tudo o que possa suscitar idéias de dor e perigo, ou em outras palavras, tudo o que seja, em certo sentido, terrível, ou que diga respeito a objetos terríveis, ou que aja de modo análogo ao terror, é causa do sublime; vale dizer, é o que produz a mais forte emoção que a alma é capaz de sentir... Quando o perigo ou a dor chegam perto demais, não têm condições de oferecer deleite algum, e são apenas terríveis; mas considerados a certa distância, e com algumas modificações, podem ser e são aprazíveis, como no dia-a-dia verificamos.

É sabido que as especulações sobre o sentimento do sublime prosseguem na *Crítica da Faculdade de Julgar*, de Kant, e no ensaio *Sobre a Razão do Prazer Proporcionado pelos Objetos Trágicos* escrito por Schiller em 1791: mas Beckford já publicara o seu *Vathek*, que, conseqüentemente, mais parece incluir-se entre os livros que criam a atmosfera cultural de uma época do que entre os que a refletem.

Só que inscrever *Vathek* no filão do romance de terror não parece suficiente; e se a idéia de sublime agita a fantasia dos artistas da época, o livro de Beckford só em parte

---

1. Milão, Bompiani, 1966.

encarna o ideal do sublime estético (que se produz quando entre a matéria narrada e o leitor coloca-se como que um hiato, uma distância apaziguante, decorrente da força do estilo). A suspeita, ao contrário, a propósito de Beckford, é de que sua história do califa pecador e danado, mais do que à esfera das reflexões morais sobre a iniqüidade humana, pertença à série das propostas imorais, e seja (disfarçadamente) um dos tantos anti-evangelhos pregados naquelas décadas; na linha, para nos entendermos, das obras de Sade.

Porque Vathek comete seus horrendos delitos visando a obter uma iluminação; peca, mas em homenagem se não a Deus, a um anti-Deus: o esmigalhamento dos sentidos propõe-se-lhe como instrumento de revelação e de poder; satanismo e passagem pelo inferno são etapas para o super-homem... Assim esse livro, mais que inscrever-se na galeria dos romances de terror (com Vathek posto ombro a ombro ao lado de Ambrósio, o *Monge*, ou de Schedoni – aos quais no entanto se liga por traços caracterológicos e fisionômicos, inclusive aquele tremendo olho), coloca-se entre os troncos iniciais daquela fieira de romances satânicos que encontrarão, um século depois, um arrolamento crítico, um dicionário portátil, no *Là-bas* de Huysmans (devidamente corrigido por sentimentos católicos indispensáveis aos satanistas do romantismo tardio, ao passo que os satanistas libertinos do Setecentos preferiam – para pecarem blasfemando – recorrer às religiões orientais).

Não é à-toa que um dos organizadores mais afetuosos e atentos de uma das muitas reedições desse livro (em francês no original) tenha sido Mallarmé, propenso por condição histórica aos balés blasfematórios e aos sadismos com que a cultura de sua época temperava, como é sabido, a Carne, a Morte e o Diabo. Mas se Mallarmé parece apreciar, no romance, "crimes vagos e ignotos... langores virginais" (e deleita-se, nas entrelinhas, com figurinhas efébicas, andróginos perversos e castidades coatas), a verdade é que o ótimo Beckford parece ter praticado com desenvoltura e constância os crimes que narra: a alternativa, para os seus biógrafos, está em saber se com certo rapazinho elegantíssimo teria ele pecado contra a carne ou contra a religião – isto é, se o dobrou aos seus desejos ou se o iniciou nas cerebrais luxúrias da Missa Negra. Provavelmente ambas as coisas, visto que – segundo ele explicitamente o admite – o Nostro organizava em seu castelo de Fonthill reuniões prazerosíssimas, que duravam e dias, e nas quais não se sabe bem o que acontecia mas onde tudo podia acontecer, tanto que Beckford admite que foi dessas reuniões que lhe veio a inspiração para o seu *Vathek*.

Uma última observação: o romance de terror nasce numa Inglaterra que se industrializa a passos largos, numa quase reação fantástica à horrenda visão de fileiras de teares e filatórios mecânicos. O romance de terror (e com ele todas as formas do fantástico) volta à moda nessas décadas, corolário infalível de toda essa alergia à civilização do bem-estar e do consumo. Mas, ai de mim, para que alguém obtenha iluminações do Diabo, é preciso que muita fé circule: e não me parece que seja este o caso.

Monte Cristo

Enquanto escrevo, o *Monte Cristo* da televisão chegou ao segundo capítulo e, a reboque, florescem as reedições do romance, ao qual nunca é demais voltar; porque ele é muito menos lido e conhecido do que se pensa.

E no entanto trata-se de um romance importante, não pelo êxito popular que conheceu, mas pelo clima "filosófico" que nele circula: fato de que se deu conta Gramsci, quando detectava no *Conde de Monte Cristo* (como no romance de folhetim em geral) os germes daquela figura do Super-homem que a Filosofia só mais tarde iria inventar. Gramsci, sensível ao super-homem Monte Cristo, deixava na sombra seu antecedente direto, o Rodolphe de Gerolstein de *Os Mistérios de Paris,* modelo de Dumas (mais que modelo, mola determinante: o êxito de Sue obrigava os outros escritores a repetir-lhe os estereótipos); mas não resta dúvida que em *Monte Cristo* a teoria do Super-homem é exposta mais pormenorizada e sistematicamente, e Dumas fornece, insinuava Gramsci, filosofemas a todos os futuros profetas laureados do Übermensch.

Certamente é impressionante como o artesão Dumas, percebendo ter em mãos um tema romanesco já auto-suficiente (inocente encarcerado que depois, livre, provê a Vingança), desloca a tônica da Vingança para a Vontade de Poder e desta para a Missão. Isto é, Monte Cristo, pronto para a vingança graças ao tesouro do Abade Faria, começa a entender que não é mais apenas um vingador mas um justiceiro, porque possui a liberdade e a ausência de determinações:

> Sou o rei da criação, gosto de um lugar, fico; nele me aborreço, parto, sou livre como os passarinhos, tenho asas como eles... Tenho uma justiça toda minha... Ah, se experimentassem minha vida, não haveriam de querer outra, e nunca mais tornariam ao mundo a não ser para realizarem algum projeto grandioso!

Assim, o precursor de Zaratustra lança-se a urdir suas punições, degustando haxixe e entoando loas à liberdade do espírito. Mas à medida que a vingança prossegue e ele se revela a seus inimigos, um pensamento o detém: pode o vingador encontrar o fundamento dos próprios gestos e das próprias escolhas no fato de ser Super-homem? A diferença entre Dumas e Nietzsche (não fosse outra) reside toda nisto: Nietzsche está historicamente maduro (e tem o vigor especulativo) para demolir as pontes com as justificações transcendentes, custe o que custar (e aceitando o isolamento a que o condenam); Dumas não possui vigor especulativo e precisa vender seu produto: é sobretudo o que dele exige o Espírito do Tempo. Mas não sabe mais onde colocá-lo. O Super-homem tornar-se-á então um enviado do Senhor.

A transformação acontece no capítulo quarenta e sete, enquanto Monte Cristo dialoga com Villefort, o Procurador por ordem de quem fora ela encarcerado no castelo d'If. O Conde expõe sua filosofia da superioridade, minimiza o poder das leis em favor da escolha individual que lhe quebra os vínculos, raciocina com frieza sobre sua própria figura, mas subitamente, para enfrentar as objeções de Villefort, tira da manga o ás da Missão Divina. Existem "homens que Deus colocou acima dos dignitários, dos ministros e dos Reis, dando-lhes uma missão a cumprir, não um posto a ocupar... Eu sou um desses seres excepcionais; sim, senhor, e creio que até agora homem algum se tenha encontrado em circunstância semelhante à minha..." Algumas centenas de páginas depois, o jovem Morel, fulminado por seu poderio e sua bondade, já reconheceu Monte Cristo: "Será o senhor mais que um homem? Será um anjo?" Monte Cristo é um anjo: é um enviado de Deus. Quase ao fim da empresa é tomado de dúvidas, teme haver prevaricado, mas afinal caem-lhe nas mãos os manuscritos secretos do Abade Faria, e ele lê a epígrafe: "Arrancarás os dentes ao dragão e esmagarás sob os pés os leões, disse o Senhor". "Ah! Graças, eis a resposta!" brada Monte o Cristo. E isso o deixa tão exultante que, após haver edificado o leitor (não há super-homens que não sejam subdeuses), permite-se até mesmo infringir a regra de proterva castidade que a vingança lhe impusera: veleja feliz rumo a praias ignotas ao lado da mulher que o amava em silêncio, e volta a ser homem para não pôr em crise os compradores do folhetim.

Rocambole

Quando, em 1854, o Visconde Pierre-Alexis Ponson du Terrail publicava o primeiro volume de *Rocambole*, Eugène Sue, exilado na Sabóia, estava à beira da morte, enfermo e desiludido. Hoje o leitor pode dispor contemporaneamente dos grandes *best-sellers* do romance de folhetim, e D'Artagnan, o Mestre-escola, Vautrin, Juve e Rocambole podem confundir-se, aos olhos do peregrino apressado, numa grande e única quermesse feita de filhos naturais, venenos exóticos e duquesas arrependidas. Mas o panorama do romance popular do século passado é bem mais esfumado do que se crê, e ao pretender reduzi-lo a um clichê indiferenciado comete-se o mesmo erro de quem quisesse hoje considerar no mesmo pé de igualdade *Africa addio** e os documentários da TV norte-americana sobre a guerra do Vietnã.

Em 1850, quando estavam no auge os romances sociais de Sue e os históricos de Dumas, a Segunda República fazia passar a lei Riancey, com a qual se taxavam os jornais que publicassem romance de *feuilleton;* era uma lei-cabresto,

---

* Documentário de cunho saudosista, exibido na TV italiana dos anos 70 sobre a retirada das tropas colonialistas européias de território africano. (N. da T.)

que praticamente matava o folhetim, mas demonstrava, em sua violência reacionária, um fato inconfutável: o romance de folhetim da primeira metade do século XIX desempenhava, bem ou mal, uma função democrática. Com a lei Riancey findava uma época; quando em 1851 Luís Napoleão instaura a ditadura pessoal sob o rótulo de Império, Balzac já estava morto, Sue partira para o exílio. O romance de folhetim iniciava sua segunda vida, e o Visconde Ponson du Terrail surgia como o mestre dessa arte da sensação pela sensação finalmente despojada de toda ilusão ideológica. Se Eugène Sue empregara mais de mil páginas para levar a termo uma agnição (Rodolphe de Gerolstein descobre que Fleur-de-Marie era sua filha), eis que Ponson du Terrail, em *O Ferreiro da Abadia,* nos oferece bem umas 26 agnições em pouco mais de 300 páginas. Se Dumas penara ao longo de inúmeros capítulos antes que Milady derramasse do castão de um anel um pozinho mortal no cálice de Constance, Ponson du Terrail, sempre em *O Ferreiro,* consegue orquestrar doze mortes por envenenamento. Parece, ao relermos os volumes da série de *Rocambole* (agora republicados por Garzanti), que du Terrail, num só volume, roda em velocidade acelerada, tal como num filme de Ridolini, acontecimentos que normalmente, tempos atrás, conseguiam alimentar uma série de dez episódios. Quando a atual reedição de *Rocambole* tiver chegado à *Morte do Selvagem,* veremos como Rocambole consegue, no decurso de poucos capítulos, estrangular a mãe adotiva e apunhalar a amante, Ventura, bem como o sicário português Zampa, mandando depois jogá-los numa adega alagada; como arremessa de um impérvio despenhadeiro o professor Sir Andrew Williams, já reduzido a um detrito humano, cego e tatuado pelos selvagens; como simula a morte por apoplexia de um criado incauto, espetando-lhe um longo alfinete na nuca; como tenta, disfarçado de visconde de Chamery, casar-se com a belíssima duquesa Conception de Sallandrea; e como por fim é atirado numa cripta rupestre, entregue ao verdugo (e ao sicário português Zampa, redivivo), desfigurado com ácido sulfúrico e enviado às galés de Toulon em lugar do verdadeiro visconde, que naturalmente empalma a belíssima duquesinha.

Para orquestrar esse crescendo (a seu modo entusiasmante), Ponson du Terrail não mede esforços; e não se trata tanto das frases justamente famosas (como: "tinha as mãos frias como as de uma serpente"), quanto do emprego desabusado de todo o arsenal preparado pelo folhetim clássico, mas desvirtuado, arrancado de seu contexto original.

No primeiro volume da série (agora intitulado *O Gênio do Mal*, outrora *A Herança Misteriosa)*, Armando de Kergaz, riquíssimo e devotado à punição do crime e ao consolo do infeliz, surge como a cópia perfeita (são iguais até mesmo em certas tiradas) do Rodolphe de *Os Mistérios de Paris*. E o diabólico Sir Andrew Williams mantém com Paris adormecido um colóquio que é um decalque do *Paris, agora nós!* do balzaquiano Rastignac. Só que toda referência é desideologizada. Em Sue, havia a identificação dos Francos com a classe dos opressores e dos Gauleses com a classe operária dos oprimidos (vestígio de toda uma tradição de sociologia conservadora usada para fins progressistas); em Ponson du Terrail, encontramos a contraposição, mas ela serve para louvar a beleza aristocrática de Jeanne de Balder, imune, em sua pureza franca, às contaminações gálicas.

Poucos anos de ditadura napoleônica bastaram para deixar morrer um gênero, uma oratória tosca mas eficaz. Também Ponson du Terrail deleita-se com observações sociais, como neste trecho incomparável de *As Misérias de Londres*:

> No ângulo sudoeste de Wellclose Square há uma rua com quase três metros de largura; a meio caminho ergue-se um teatro, onde os melhores lugares são vendidos a doze tostões e quem quiser entra na platéia por um penny. O ator principal é um negro. Ali as pessoas fumam e bebem durante o espetáculo. As prostitutas que vãos aos camarotes, andem descalças; a platéia é composta de ladrões.

Mas o romance popular já deixou de ser o acusador da sociedade; vende sensações brincando com uma sociedade fictícia, pura ficção narrativa. E quando os surrealistas e Cocteau enlouquecerem de alegria em cima das páginas de Rocambole e de Fantômas, de Sue e de Dumas, deixarão na sombra o abismo que existia entre essas duas fases do romance popular. Como bons estetas, praticarão no amor o mesmo ecumenismo de que darão prova, no ódio, os moralistas inimigos da narrativa de massa.

Richelieu

Que *Os Três Mosqueteiros* são uma grande galeria de retratos setecentistas, quanto a isso não há dúvida. Que tais retratos descrevam indivíduos inéditos, esse já é um ponto a discutir. Mesmo as duas personagens que parecem dotadas de caráter mais definido, Athos e Milady, tornam-se memoráveis porque já nos haviam sido narradas muitíssimas vezes pelo romance gótico e sucessores, e são o "Belo tenebroso" e "La belle dame sans merci".

Aramis, se avaliado pelo metro da psicologia de manual, não seria nem mesmo ele um *gran che*, abadezinho pré-setecentista cheirando um pouco a lençóis desfeitos, um pouco a incenso. Surge no primeiro livro como fatuamente entendido em jogos de alcova, procrastinando sua vocação entre um duelo e um bilhete perfumado, e parece redimir-se apenas em *Vinte Anos Depois,* onde conduz com sabedoria diplomática os contactos com os ingleses, com a Fronda, enquanto que no *Visconde* chega a geral dos jesuítas, mas copiando com gestos demasiadamente explícitos (ainda que em positivo) o Monsieur Rodin de *O Judeu Errante*, de Sue, que o precede de quatro anos.

E no entanto deveria despertar suspeitas a frieza e o egotismo com que Aramis atravessa os três volumes da saga sem jamais ceder a nada que não à sua vocação de intrigante. D'Artagnan é um inconstante: teria nas mãos o Cardeal quando lhe atira sobre a mesa o salvo-conduto de Milady ("é por minha ordem e pelo bem do Estado que o portador da presente fez o que fez"), mas quando o Cardeal assina sua patente de lugar-tenente, ele lhe cai aos pés, exclamando: "Monsenhor, minha vida vos pertence!". Athos, tão impermeável às paixões, na realidade cede a todas as chantagens do coração, da mágoa pela traição aos langores do amor paterno. Porthos é escravo da própria vaidade e da própria generosidade, e no final, entrega-se a uma morte bovina e heróica. A intangibilidade e enigmaticidade de Aramis, indubitavelmente o menos "humano" dentro os mosqueteiros, pelo contrário, cumprem sua função estrutural dentro da triologia: uma história que opõe a Aventura à Razão de Estado, com a vitória desta última. O que é muito setecentista. E a história desenrola-se entre duas figuras-chave, das quais uma é a prefiguração da outra. Richelieu e Aramis.

Porque o verdadeiro grande protagonista de *Os Três Mosqueteiros* é Richelieu; a ele contrapõem-se os mosqueteiros como expressão do gosto individual pela aventura e pela generosa imprevidência. Se os mosqueteiros são a imaginação picaresca no estado puro, a intuição de Dumas leva-o a detectar que, no amadurecer da época moderna, o espírito picaresco deveria por força ter-se defrontado com o espírito do poder.

Tal é Richelieu, humaníssimo em sua desumanidade, vencedor moral de *Os Três Mosqueteiros*, porque isso tudo precisa ele ser para começar como vilão e terminar em meio às bênçãos dos leitores fascinados que entre lágrimas murmuram: "Que homem!"; e dizem-no até os mosqueteiros, nos dois volumes seguintes, saudosos dos tempos do Grande que se foi. Os outros dois volumes ressentem-se, com efeito, da carência dessa dimensão barroca do Poder: os homens da Fronda são uns pobres coitados, Mazarino um reles vigarista, Luiz XIV um parvo, Fouquet um esbirro inteligente. É que a época já não permite que o Poder se encarne num herói carismático. E Aramis é o único a compreender a lição e apresentar-se, homem de poder num universo agora setecentista, como o verdadeiro e único genial intérprete da Razão de Estado, da conspiração, do jogo entre poder simbólico e poder real. Único a sair da dimensão picaresca dos seus companheiros e vestir a túnica drapeada da comédia ou da tragédia burguesa, sereno e disponível para defrontar-se em pé de igualdade com Rastignac e com Vautrin.

Bragelonne

Poderei ser acusado de esnobismo, mas nestes meses em que todos, graças à mediação de Einaudi, punham-se a reler *Os Três Mosqueteiros*, voltava eu ao *Visconde de Bragelonne*.

E voltava impelido por um velho remorso, porque se ao primeiro romance da trilogia dos Mosqueteiros dedicara eu numerosas leituras, e quase outras tantas a *Vinte Anos Depois*, do *Visconde*, no entanto, não me aproximava desde a adolescência, quando me havia decididamente entediado com os prolongadíssimos amores entre Luís XIV e a La Vallière e me decepcionara ante a falta de ritmo e de lances dramáticos, a que os quatro inseparáveis me haviam habituado nos romances precedentes. Mas – misericórdia! – relido hoje, *O Visconde de Bragelonne* continua me parecendo um livro muito ruim. Ao contrário dos *Mosqueteiros*, todo ele jogado sobre o fio de um enredo sem paradas nem rebarbas e onde os fatos se engastavam nos fatos do modo que todos sabemos – fazendo com isso vibrar de Croce a Manganelli –, *O Visconde de Bragelonne* avança aos trancos e solavancos como uma vitrola que ora gire em trinta e três ora em setenta e oito rotações, executando ora uma sinfonia rossiniana, ora um daqueles "organa" da Escola de Notre-Dame, com um baixo que se mantém sessenta e quatro compassos numa nota só. Surge em cena Raoul com a sua La Vallière, depois Raoul desaparece e D'Artagnan e Athos revezam-se para repor no trono Carlos II da Inglaterra; morre Mazarino, começa um solo de Luís XIV que ensaia os últimos passos para o seu "Le'état c'est moi", e em seguida desencadeia-se uma inexplicável peripécia na qual Fouquet, obstado por Colbert, fortifica (com a cumplicidade de Aramis e Porthos) uma ilha na Bretanha por motivos que permanecerão imprecisos até o final. A seguir, os quatro magníficos eclipsam-se reduzidos à condição de comparsas ocasionais, e tem início uma interminável crônica de escaramuças amorosas entre o Rei, seu irmão, sua cunhada, La Vallière e a sombra nascente da Montespan, que ocupa com bilhetinhos, despeitos e mexericos mais da metade do imenso romance. Por fim explode uma pequena bomba, e Aramis volta à cena como geral secreto da ordem dos Jesuítas, permitindo a Dumas, agora evidentemente cansado, retomar a cinco anos de distância (estamos em 1850) uma idéia já desenvolvida por Eugène Sue em 1845, no *Judeu Errante*, com a figura do pérfido senhor Rodin, predecessor inverossimilmente malvado do Padre Arrupe. Na qualidade de Geral da Ordem, Aramis arquiteta o golpe do sósia de Luís XIV (e assim desperdiça também o argumento do Máscara de ferro, ou melhor, o segredo da Bastilha) – empresa diabólica anulada de modo narrativamente pueril e paupérrimo. Até que nas últimas páginas Dumas, talvez forçado por eventos, lança ao mar o Máscara de ferro e a jovem La Vallière, envia Raoul de Bragelonne para a morte na Tunísia, faz Athos morrer de desgosto, sepulta Porthos sob uma galeria minada, manda D'Artagnan tomar de assalto algumas cidades na guerra de sucessão espanhola, confere-lhe em quatro frases o bastão de marechal e uma bala de canhão no peito que o envia para o céu dos heróis.

Se cada máquina narrativa é dotada de sua própria estrutura, então *O Visconde* parece mesmo não ter nenhuma e escapa a qualquer definição. Romance de folhetim, parece vencido exatamente pelas indecorosas necessidades do próprio mercado, e Dumas surge como o artesão que fornece semana após semana algo que não tem relação estrutural nenhuma com o que vinha antes. Em tal caso conviria escutar o conselho de quem adverte que não vale a pena estudar com métodos literários fenômenos que "literários" não são.

Trata-se, porém, de tentação aristocrática e perigosa: na forja da narrativa popular (e a oitocentista é importante porque nela se delineiam os mesmos motivos que, em clave industrial mais desenvolvida, ainda funcionam na atual produção do divertimento pré-fabricado) tudo tem uma lei, nada nasce por acaso: os desejos do público e a estrutura do mercado interagem com as tradições do enredo, dando vida a uma "forma" que é preciso individuar.

O erro consiste provavelmente em buscarmos em *Bragelonne* o triunfo da ação (elemento que parece indispensável ao romance de folhetim) quando a ação aqui não existe: é acessória, e portanto não tem uma estrutura, uma curva, um ritmo próprios. O que triunfa (nos solilóquios de D'Artagnan, nas intermináveis conversas do Rei e dos seus cortesãos) é a fofoca. Em *Bragelonne*, o público encontrava a repetição minuciosa e impiedosa dos fatos privados, das mínimas flutuações da Bolsa, do mexerico exercitado sobre modelos supremos de comportamento, sobre figuras de "astros" do passado. O romance de folhetim (neste caso) dava ao leitor o que dá hoje o semanário de bisbilhotice cinematográfica, e o hebdomadário especializado nas peripécias morganáticas das últimas famílias reinantes ou abdicantes. O mais recente capítulo do caso entre Vittorio Emanuele Savoia e Marina Doria não tem que estar necessariamente relacionado com o episódio anterior.

A civilização do romance já conhecia esse artifício: por exemplo, em *Moll Flanders*, cada nova aventura, cada filho posto no mundo nada tinham a ver com os precedentes. A curiosidade do leitor é titilada e renovada livremente, passo a passo. Se as leis do enredo dominam três quartas partes da narrativa popular (incluído o cinema) – e devem ser estudadas, coisa que aliás já se faz – a noção de "fofoca aleatória" constitui uma nova categoria a aprofundar, pois trata-se de uma estrutura novelística importância e eficácia. E também aqui não será inútil buscaremos na época áurea do romance popular, no século do triunfo da indústria narrativa, as molas de uma retórica passível de codificação.

Arsène Lupin

Sobre Arsène Lupin, ladrão-cavalheiro, pesam um equívoco lingüístico, um equívoco cinematográfico e um equívoco ideológico. O equívoco lingüístico deve-se à tradução italiana que o quer "ladro gentiluomo", e daí, a imagem tradicional do senhor de fraque e cartola, monóculo e luvas brancas, que com movimentos quase imperceptíveis faz desaparecer aqui um diamante, ali um inestimável colar de pérolas, ainda ali uma esmeralda maldita: e no mais são festas, bailes, beija-mãos, portas giratórias de Grand Hotel. Na verdade, o original francês diz "gentleman cambrioleur", e *cambrioleur* quer mais dizer assaltante, arrombador, indivíduo que entra nas casas alheias por meio de escadas e martelos pneumáticos, quadrilha, gatunos, pé-de-cabra, associação organizada para delinqüir, com o olheiro, o cérebro da ação, o furgão tipo Gondrand para transportar, na ocorrência, um apartamento inteiro, móveis, quadros e geladeira. O que parecerá vulgar, mas Lupin é exatamente isso, um chefe de bando, que assalaria delinqüentes e, quando quer, esvazia um castelo inteiro no espaço de uma noite.

O equívoco cinematográfico deve-se às diferentes interpretações que de Lupin foram dadas, a começar por Robert Lamoureux, por exemplo, ex-chansonnier, bom rapaz, um pouco folgazão e um pouco trocista, que sempre se sai bem, diverte-se e cai fora. Ao passo que Lupin era personagem bem mais complexa; antes de mais nada, nem sempre ele se sai bem: acaba na cadeia, deixa-se apanhar como um pateta por amor ou por galantaria, quando vê seu inimigo Herlock Sholmes empalidece, perde o controle, sua, e no fim das contas tem um destino trágico porque quando ama (quase como ocorre às personagens de Chandler e Hammett), a mulher amada morre. E ai de quem o amar, que amar Lupin é desgraça certa.

O equívoco ideológico deve-se à imagem de Robin Hood, o ladrão galante que rouba os ricos para dar aos pobres, ao passo que Lupin rouba os ricos, a quem despreza, mas não porque sejam demasiado ricos, e sim porque são pouco corajosos, ou não tanto quanto ele próprio, capaz, como é, de tornar-se mais rico que eles; Lupin não quer redistribuir a riqueza mas acumular o poder, como todo cavalheiro que se preza. E se ontem acumulava os tesouros dos reis de França na Agulha Oca, hoje tentaria o assalto ao *Messaggero* – no sentido de jornal, enquanto que Robin Hood tentava o assalto ao mensageiro, na acepção de correio a cavalo, do xerife de Sherwood. Robin Hood comia pão e cabrito com os alegres companheiros da floresta, ao passo que Lupin, como o atesta o final da *Agulha Oca*, mira mais alto.

> Rei do mundo, eis a verdade! Da ponta desta agulha eu dominava o universo! Tinha-o entre minhas garras como uma presa... levanta aquela tiara de ouro, Beautrelet... Vêem aquele duplo aparelho telefônico? À direita é a comunicação com Paris, linha especial! À esquerda, a comunicação com Londres, linha especial! Via Londres, tenho a América, tenho a Ásia, tenho a Austrália! Em todos os países possuo filiais, agentes, procuradores, indicadores! Todo um enorme tráfico internacional! O grande mercado da arte e da antigüidade, a feira do mundo!

Vamos e venhamos, isto não é Raffles, é Frank Coppola, Cefis, Andreotti, Liggio, Kissinger, Brezhnev, Nixon, Al Capone. É uma personagem política.

Essas e outras considerações vêm-nos à mente ao revisitarmos Lupin através da nova edição que a renascida Sonzogno faz de suas aventuras (*Le mirabolanti imprese di Arsenio Lupin*, organizada por Oreste del Buono), recolhendo por ora os três primeiros romances mas prometendo outros. Que é o destino (e o mérito) do que os norte-americanos chamam de "nostalgia press": de um lado nos restitui heróis e mitos da infância, indústria da fábula recuperada para quarentões que querem "refaire Proust sur artifice"; mas do outro permite, a quem é perspicaz, uma leitura crítica, e fornece os elementos para reencontrarmos, por sob o documento de uma época, a época e suas chagas, e (digamo-lo enfim) os venenos que a infância nos havia ocultado, sem nos mitridatizar.

Então quem é Arsène Lupin e o que significa hoje relê-lo? As extraordinárias aventuras de Arsène Lupin começam em 1904, inaugurando a chamada terceira fase do romance de folhetim. A primeira, a "democrático-social", a fase dos Eugène Sue, dos Dumas floresceu em meados do século passado. Em sua aparente falta de compromisso, em sua deliberada vontade de divertir, o *feuilleton* do primeiro período queria descrever a vida das classes inferiores, os conflitos do poder no seio da sociedade, as contradições econômicas. E é naquela fase que, como notou Gramsci, abre caminho a personagem do Super-homem. Que ainda não é o Super-homem de Nietzsche, mas uma personagem de qualidades excepcionais, que põe a nu as injustiças do mundo onde se insere, e intervém para repará-las com atos de justiça. Super-homens típicos, nesse sentido, são o príncipe Rodolphe de Gerolstein em *Os Mistérios de Paris* e o Conde de Monte Cristo. O Super-homem do folhetim tem consciência de que o rico prevarica contra o pobre, e que o poder se fundamenta na fraude; mas não é um profeta da luta social, como Marx, e conseqüentemente não repara essas injustiças subvertendo a ordem da sociedade. Simplesmente sobrepõe sua justiça à comum, aniquila os maus, recompensa os bons, restabelece a harmonia perdida. Nesse sentido o romance popular democrático não é revolucionário, é caritativo, consola seus leitores com a imagem de uma justiça fabulística; mas apesar disso põe a nu problemas e, se não oferece soluções aceitáveis, delineia análises realistas.

Na segunda metade do Oitocentos, com a falência dos primeiros movimentos socialistas e a tragédia da Comuna de Paris, tem início o folhetim do segundo período. É a época dos Richepin, dos Xavier de Montepin, das Carolinas Invernizio. Os ingredientes do romance popular ainda são os mesmos, condessas culpadas, filhos abandonados, reconhecimentos teatrais, assassinos desapiedados. Mas o fundo ideológico é diferente. São romances da "lei e da ordem", os protagonistas são os representantes da alta burguesia e da nobreza, cujas virtudes vêem-se enfim recompensadas por uma polícia eficiente e magnânima (já não estamos diante de um Balzac que nos vem contar o quanto é tênue a diferença entre o ex-forçado, o informante, o comissário). Em outras palavras, o romance de folhetim é hipócrita, bem-pensante, comportadão, aristocrático, nacionalista, imperialista e anti-semita quando necessário. Quanto a invenção, pouquíssima: os esquemas ainda são os de Sue e Dumas. Mesmo a personagem mais significativa do período, Rocambole, não traz inovação alguma: prevalece nesta série, por um momento, a glorificação do malfeitor, mas Rocambole não tarda em ser reconquistado para a virtude, e age segundo os métodos do super-homem vingador do primero período. Só que seus ideais não têm amplo alcance, ele não questiona a ordem social vigente e resolve pequenos problemas de grandes famílias.

Com o início do novo século acontecem alguns fatos novos. Os mais significativos são Fantômas e Arsène Lupin. De Fantômas muito se disse e a característica principal dessa saga é que o delito triunfa, as simpatias do público vão para o assassino impune, sádico e desapiedade, a polícia vê-se reduzida à categoria patética e irrisória da virtude ineficiente. Poderíamos nos perguntar o que representa Fantômas, e talvez não por acaso se tenha ele transformado na personagem favorita dos surrealistas. Fora de condições sociais bem precisas, Fantômas representa a irrupção do irracional, e faz do Grand-Guignl a antecâmara do Teatro da crueldade. Fascinante como o guarda-chuva de Lautréamont sobre uma mesa de cirurgia, Fantômas faz fremir de alegria estética os fanáticos do ato gratuito, da escrita automática, da paranóia crítica. Quanto ao grande público, esse começa a apreciar no Incapturável aquilo que, passada a época racionalista e legalista do romance policial canônico, sucederá com os romances de mistério do pós-guerra e com os "spaghetti western": a satisfação não de todo pacífica (mas justamente por isso mais excitante) de torcer pelo vilão.

Nessa atmosfera, Arsène Lupin aparentemente se apresenta como a contrapartida alto-burguesa de Fantômas: fora-da-lei, mas sem crueldade, ladrão, mas com graça, privado de escrúpulos mas rico de sentimentos humanos, ridiculariza a polícia mas com garbo, depreda os ricos mas sem derramar sangue, não tem contacto com o mundo ambíguo dos apaches e das *gigolettes* mas arruma-se com esmero para entrar no Grand Hotel onde Fred Astaire e Ginger Rogers dançarão mais tarde num, esbanjamento de organza e sapateados. E no entanto a coisa não é tão simples nem explica o êxito que ele conheceu em seu tempo. Oreste del Buono, no prefácio para a nova edição de suas aventuras, adverte-nos que o jornalistaa Maurice Leblanc não era um reles escrevinhador, mas que brinca de copiar Maupassant e Flaubert, em suma, que sabe escrever. Acrescentaremos que as estórias são montadas com certo gosto estratégico. Quando as lemos vemos que no centro de cada romance há uma situação espacial (um lugar secreto) que só pode ser identificado mediante uma reconstrução em termos de memória: há um jogo de espaço e tempo no qual o tempo fornece a chave para o espaço, que uma vez descoberto, põe a nu o nó temporal. Jogo que volta constantemente na narrativa de Leblanc e portanto não é casual, indicando uma certa sintonia com os problemas da literatura da época.

Mas não é por isso que Lupin agrada tanto aos seus contemporâneos. É que Leblanc (e não sei se por cálculo ou por incônscia absorção dos humores do seu período histórico) faz de Lupin a encarnação do herói francês, representante de uma energia, de um impulso vital, de um gosto pela ação não desligado do respeito pela tradição. Quero dizer que em Arsène Lupin assomam, e com muita evidência, as teorias de Sorel (energia criadora, polêmica contra a pasmaceira e a estupidez burguesa, construção de um Mito), de Bergson (um "élan vital" interpretado em clave super-homística e, mesmo, soreliana), de Maurras (a polêmica contra a acumulação do Dinheiro e um certo senso místico da tradição francesa – haja vista o final de *Agulha Oca*).

Lupin organiza o crime, zomba da polícia, rouba dinheiro, esbanja-o e, inocente, caminha para novas aventuras não por sede de justiça ou por desejo de lucro: mas por ânsia de poder e para liberar de modo até excessivamente narcisista seus recursos de energia: "Em certos momentos minha potência me põe-me a cabeça à roda! Sinto-me ébrio de força e de autoridade", diz no *Agulha Oca* enquanto se apronta para, como grande megalômano, deixar de herança para a França os tesouros que foram de César, de Carlos Magno, de Luís XIV, e o segredo de uma grande e inexpugnável base de expansão militar que seu país perdeu (uma vez que, embora Lupin não ouse dizê-lo, a monarquia cedeu lugar à revolução imbele – e aqui por ele fala Maurras).

Não falaremos das estórias do período bélico como *O Triângulo de Ouro*, com o relacionamento racista entre capitão francês e senegalês-besta fiel; ou do elogio nacionalista do combatente mutilado e exatamente por isso digno de conquistar a mulher amada. Mas é singular que, no final de *Os Dentes do Tigre*, Lupin diga de si: "Ladrão? Sim, confesso. Trapaceiro? Não nego... Mas também foi alguma coisa mais. Divertiu seus contemporâneos com sua habilidade e engenho... Todos se entusiasmavam com a sua coragem, a sua audácia, o seu espírito de aventura, o seu desprezo pelo perigo, o seu sangue-frio, a sua clarividência, a sua jovialidade, qualidades, todas elas, que brilharam numa época em que se exaltavam precisamente as virtudes mais ativas da raça latina, a época heróica do automóvel e do aeroplano, a época que precedeu a grande guerra". E se resistimos à tentação de ver nesse retrato o elogio do marinettiano-fascista, não nos podemos furtar de aí reconhecer, em medida reduzida e vulgarizada, o do herói d'annunziano. Tanto que o texto citado termina com uma frase mais do que abusiva: "Precisamos ser indulgentes com nossos professores de energia". Nem são páginas anômalas, cada livro de Lupin está cheio delas:

Ela o viu maior do que parecia e mais poderoso, mais dotado do que os outros homens que conhecera, armado de um espírito mais sutil, de um olhar mais arguto, dos mais diversos meios de ação. Inclinou-se ante aquela vontade implacável e aquela energia que nenhuma consideração teria podido dobrar... Um pouco de audácia, idéias claras, lógica, a vontade absoluta de apontar em direção à própria meta como uma flecha (*A Condessa de Cagliostro*).

E assim por diante. Tanto que cabe perguntar se o "nós conseguiremos" e "Deus poderá dobrar nossa vontade, os homens e as coisas nunca" não vêm de lá, visto que o mestre de Predappio não só lia romances populares como também os escrevia. Mas não há necessidade de fazermos ficção filológica, as raízes são as mesmas, uma filosofia da energia e da ação que repete para a pequena burguesia um Nietzsche mal digerido, no momento do máximo orgulho imperialista de uma França dividida entre Jaurès e a Action Française. Não diremos evidentemente que Leblanc foi um ideólogo tradicionalista: quando muito, um artesão sensível que individuou o alimento do agrado de seu público burguês. Relido hoje, Arsène Lupin perde essas conotações de época e se reapresenta como pura ocasião de entretenimento policialesco.

Não há mal, porém, em usá-lo como documento de sua época e darmo-nos conta de que, se algo tem de bom, não é porque tenha sido ladrão, mas porque foi "cavalheiro".

Tarzan

Em cinqüenta e oito anos de vida literária (pelo registro civil, porém, os anos são 82, porque a personagem nasce, por obra e graça do autor, em 1888) Tarzan deu origem a vinte e dois romances traduzidos em 56 línguas (inclusive Braille e esperanto) através de cerca de 20 milhões de cópias; foi remanejado ao longo de 35 filmes, de 1918 em diante, além de uma série de falsificações, plágios e paródias; encarnou-se, a partir de 1929, em perto de 15 mil tiras de quadrinhos que só nos Estados Unidos são publicadas por 212 jornais através de 15 milhões de exemplares diários. O reacender da chama que ora alcança as passagens alpinas, o maciço central e a Ile de France, nos diz que os elementos daquele êxito continuam de algum modo subsistindo. Por sob o "Business Tarzan" deve haver, portanto, um elemento mítico: Tarzan satisfaz, como satisfez, profundas exigências; promove, como promoveu, certos valores. Quais? Sobre o mito Tarzan já existe uma certa literatura, amiúde hagiográfica, às vezes de pura demência "fan", com estudos de inverossímil sutileza sobre a biografia da personagem ou a localização de suas viagens. Mas foi da França que saíram as contribuições mais curiosas dentro da óptica de uma crítica de costumes.

Uma vez que nos propomos a estudar a ficha mitológica de Tarzan, poderíamos, portanto, individuar na personagem uma série de chamadas mitológicas sobrepostas.

O primeiro filão é o rousseauniano. Tarzan ou o retorno à natureza. O tema não era novo, e praticamente se apoiava no Mowgli, de Kipling, que por sua vez retomava as relações etnográficas sobre os meninos-lobo e as crianças abandonadas ao nascer e criadas por animais (filão que reencontramos sob forma distinta no mito de Kaspar Hauser e chega até à peça teatral de vanguarda de Peter Handke). A força e a pureza do contacto com as ervas, com a água, os fenômenos atmosféricos, a carne crua, os animais, e assim por diante. Os elementos estão todos aí. Só que se compõem com a versão anglo-saxônica do retorno rousseauniano, antecipado por Defoe com o seu Robinson Crusoe, o qual volta à natureza mas modifica-a, reinventando a civilização. O positivismo francês chega mesmo a destruir depois o filão rousseauniano com *A Ilha Misteriosa* de Verne, onde o engenheiro Cyrus Smith transforma a ilha selvagem em algo semelhante a uma escola politécnica, fabricando até mesmo nitroglicerina com uma sapiência de *bricoleur* verdadeiramente excessiva. Tarzan não chega nem aos pés de Robinson Crusoe, mas aprende rapidamente a ler e escrever e domina de imediato o ambiente dos símios (natureza) graças a uma relíquia cultural: uma faca. Tarzan com sua faca já é um farrapo de civilização contra a natureza incorrupta dos macacos que o educam e que ele, como única prova de gratidão, domina e dobra às suas vontades.

O mito, com toda a sua contraditoriedade, pode ser reencontrado em filme recente, *Um Homem Chamado Cavalo*, onde o Tarzan de plantão (neste caso, como Tarzan, temos um lorde inglês) enamora-se da civilização selvagem que o incorporou à força, mas dela emerge porque possui algumas técnicas particulares que o tornam mais hábil: por exemplo, vence a tribo inimiga distribuindo os arqueiros em filas sucessivas, os primeiros de joelho, os outros em pé, e os faz disparar escalonados, mais ou menos segundo a técnica de Condé na batalha de Rocroy. Portanto, Rousseau, sim, mas com algumas chances tecnológicas. Esta correção norte-americana do mito compõe-se ademais com o tema kiplinguiano do "pacote do homem branco". Tarzan redescobre a natureza mas tem uma missão de civilização ou de "alta polícia". Nesse sentido é irmão do homem mascarado que vive entre os *bunders* mas para levar ordem e justiça ao jângal. Tarzan constitui aí a vanguarda dos "gendarmes do mundo", a cada cinco minutos passa o seu Mekong para impor ordem entre dois grupos (à escolha: macacos, vietnamitas, negros, cambojianos) em litígio.

Também ele tem a sua maneira própria de civilizar: considera boas as criaturas selvagens mas não lhes comunica sua ciência a não ser de modo rapsódico e nos momentos necessários. Como o civilizador branco que ensina o indígena a calçar sapatos e andar de bicicleta mas não o manda para a universidade: em todo caso, ensina-o a como trabalhar mas não a como acumular capital.

Periodicamente se afastando do mundo selvagem, Tarzan também tem certo parentesco com Lawrence da Arábia, só que ele, Tarzan, não vai com macacos para a cama. Todavia, Lacassin sublinha o componente homossexual do mito: Tarzan tem família fixa apenas nos produtos cinematográficos tardios, mas nos romances e quadrinhos sofre de um típico fenômeno de "parsifalismo". As garotas, as rainhas vestidas como em Flash Gordon, que ele encontra nos mundos perdidos, nas cidades ocultas, nos reinos do passado, vivem à volta dele, paparicam-no; e ele, irredutível. Tem uma missão a cumprir. Porém, observa Lacassin, agarrar-se a outro corpo nu viril na ênfase da luta, isso pode, e chega mesmo às núpcias.

E não será a luta um substituto do amplexo? Nos quadrinhos, em especial nos melhores, os de Hogarth, a musculatura de Tarzan torna-se praticamente o tema do desenho, como num manual de anatomia. Nos filmes, Johnny Weissmuller mergulha de uma altura de trinta metros e salta como um Apolo, chamariz das capas de revistas dirigidas aos culturistas fortes e vigorosos que amam apenas as suas mamães. Por outro lado, o tema do parsifalismo aproxima Tarzan de outro filão mítico que é o dos *supermen*. De Hércules (sobre cujos trabalhos muitos trabalhos de Tarzan estão explicitamente calcados) até os super-heróis dos atuais quadrinhos, o parentesco visível: dos super-heróis dos quadrinhos tem Tarzan o talhe físico, só que estes últimos acentuam suas componentes homossexuais com a malha colante e a presença do *pal* ou garoto auxiliar.

Mas todos esses filões míticos dissolvem-se ao longo das reduções cinematográficas, que matam aquela ponta de tosca poesia presente nos romances de Burroughs e nas tiras de Hogarth e Rubimoor. Tarzan torna um *bull* de piscina. Seu naturismo é agora do tipo turístico. Sua vida está regularizada por uma mulher fixa, um filho idiota e uma macaca serviçal, sua casa enriquece-se, ainda que pendurada em árvores, com comodidades e acessórios vários; breve nessa tela veremos até mesmo televisor, máquina de lavar e geladeira. Tarzan mergulha, sim, nos rios (para que também os espectadores possam imitá-lo) mas já não salta agarrado aos cipós (porque isso não é permitido nos *campings* do Clube Mediterranée). Torna-se então o protótipo do rousseauniano consumista, que reencontra a natureza virgem mas de carro-reboque, acampado em Villa Borghese.

Perdidas todas as suas valências míticas e aburguesado, Tarzan transforma-se, assim, em modelo para os compradores de pacotes de férias. Por que o mito refloresce e se revirginiza na França de hoje, eu não saberia realmente dizer. Trata-se, provavelmente, de um desfrute da nostalgia dos quarentões que, aqui na Itália, já enveredaram pela Via Salgari. Mas por Tarzan, tal como é, não me parece que os italianos se sintam particularmente atraídos. Volta à natureza? Mas somos um povo que mata passarinhos. Quanto mais, macacos.

PITIGRILLI: O HOMEM QUE FEZ MAMÃE CORAR*

Nasci quando Pitigrilli – aos trinta e nove anos – já havia publicado sete romances, provavelmente os mais "escandalosos" de sua carreira. Quando saiu *Dolicocéfala Loira* olhava eu, sem ler o texto subscrito, os capítulos de *O Milhofre das Baleares* no *Corriere dei Piccoli*. Quando comecei a ler, é evidente que não foi Pitigrilli: e crescendo em idade e sapiência, dele só ouvia falar em família, quase cochi-

* A obra completa de Pitigrilli (no século, Dino Segre, 1893-1975) está publicada por Sonzogno (exceto o último romance, de 1974), e compreende perto de quarenta volumes entre romances, coletâneas de novelas e artigos, memórias, aforismos, um poemeto. As obras a que mais amiúde se faz referência neste ensaio (citando-as de forma abreviada) são: *Cocaína*, 1921; *O Experimento de Pott*, 1929; *Os Vegetarianos do Amor*, 1931; *Dolicocéfala Loira*, 1936; *Moisés e o Cavaleiro Levi*, 1948; *A Maravilhosa Aventura*, 1948; *Aulas de Amor*, 1948; *Pitigrilli fala de Pitigrilli*, 1949; *Dicionário Antibalístico*, 1953. Visto que o presente ensaio foi escrito como prefácio para a reedição Sonzogno de *Dolicocéfala Loira* e *O Experimento de Pott*, em volume único (1976), para esses dois livros a referência às páginas é duplo, e remete tanto à edição original quanto à reedição. (N. do A.).

chando, com alguns difusos rubores. Depois veio a guerra, e a idade das primeiras leituras secretas, mas já que não havia Pitigrilli em casa, aconteceram antes as imagens das calmucas nuas (*à poil*) em *Razze e popoli della Terra* do Biasutti, além de algumas olhadelas nos romances dos "húngaros" e algumas páginas de Fraccaroli sobre indígenas malaias que se entregavam fremindo ao homem branco em meio ao zumbido dolente de ventiladores.

Mas nesse meio tempo, houve Salgari, Verne, a "Biblioteca dei miei ragazzi" e a "Scala d'oro". Quando ia poder ler Pitigrilli, a guerra tinha chegado ao fim, Pitigrilli voltara ao catolicismo (o livro do caminho de Damasco, *A Piscina de Siloé*, é de 1948), trabalhava na América do Sul, aparecia em revistas italianas menores, *Le grandi firme*, já era um mito. Autor proibido do passado, ao lado de Da Verona e de Zuccoli, ligado ao pó-de-arroz e à colônia Coty, a brincos e perfumes, e a Mistinguet. Por fim, haviam-se espalhado a respeito de Pitigrilli rumores ambíguos, que o queriam comprometido em algum jogo duplo. Não tenho prova nenhuma de que fossem verdadeiros, só disponho de textos de Pitigrilli que, irritado, denuncia mais de uma vez certos "imbecis" que tencionavam difamá-lo por inveja. Por outro lado, nestas páginas, jamais estará em pauta Dino Segre homem, mas Pitigrilli como "texto", e se observações forem feitas sobre sua ideologia é das suas páginas que as extrairemos. Mas digo essas coisas para explicar como para as pessoas da minha geração (nascidas no início dos anos trinta) Pitigrilli não poderia permanecer senão como um mito ligado a sutis reticências maternas: coisas de alcova, a meio caminho entre a Cena Primária* e os bordados da anágua. E eis porque eu não tinha lido nada de Pitigrilli até um ano atrás quando, convidado a redigir este prefácio, picado de nostalgia *art déco* e solicitado pelos meus interesses voltados para a literatura de consumo, comecei a explorar-lhe com obstinação a *opera omnia*.

---

* Em psicanálise chama-se Cena Primária à imagem da relação sexual ocorrida entre os pais, e presenciada pela criança, imagem essa que a criança retém em sua fantasia como fato que lhe deu origem, constituindo, segundo Freud, um dos elementos fundamentais na formação da sexualidade do sujeito. (N. da T.).

Primeira surpresa: Pitigrilli era escritor agradável, saboroso e rápido, fulminante. Agradava e pode agradar ainda hoje. Depois de um tempo deixa a corda à mostra porque sua técnica se rege pela composição de trechos pré-fabricados, e a lutulência de sua produção gera repetitividade.

Segunda surpresa: Pitigrilli foi escritor casto. Não digo nas obras pós-conversão, e muito menos naquelas como *Dolicocéfala Loira*, que aparece depois das primeiras cinco obras repentinamente repudiadas e jamais republicadas por vontade do autor. Digo até mesmo naquelas cinco "obrinhas imorais" escritas entre 1920 e 1923 (*Mamíferos de Luxo, O Cinto de Castidade, Cocaína, Ultraje ao Pudor, A Virgem de Dezoito Quilates*). Calculando que Pitigrilli tenha tido três épocas, a "pecaminosa", a laico-céptica e a céptico-religiosa (1920-23, 1929-36 e 1948-71), diríamos que na primeira, ele se permite sensualidades d'annunzianas (ou daveronianas) com descrições de braços nus e empoados, tornozelos fragrantes, decotes vertiginosos e olhos bistrados; na segunda, descreve os protagonistas ao entrarem no quarto de hotel e volta a encontrá-los na manhã seguinte, tagarelando ternamente enquanto fazem a toalete; na última, narra peripécias que, quanto a sexo, poderiam ser lidas até mesmo por monjas.

Então onde estava a periculosidade de Pitigrilli? Na desenvoltura libertina com que tratava os mitos da sociedade em que vivia, no cepticismo, no uso desabusado de paradoxos etiquetáveis como "corrosivos" (mas que de corrosivos não tinham nada porque já faziam parte de uma *koiné* parisiensizante à disposição da classe média), na frieza irônica com que acenava para adultérios, concussões e falsidades ideológicas – material de uso corrente sobre o qual se aplicava até mesmo com subentendidos moralistas mas, como se costumava dizer, sem papas na língua. Por essas e outras um prefeito ou um chefe de polícia aqui ou acolá o seqüestravam, enquanto os federais o liam às escondidas entre risinhos maliciosos. Pitigrilli fustigava os costumes da era lictória mas replicava aos ataques do *Popolo d'Italia* lembrando que amar a Itália não significa calar sobre o fato de "que um cobrador de bonde de Borgo San Donnino cuspiu no polegar para destacar o bilhete, ou que num bar de

Sant'Ágata pedi café e me deram chicória". Na perplexidade política que a isso se seguia, Mussolini telegrafava ao seu jornal um lapidar "Pitigrilli tem razão" e a coisa terminava por ali. Às vezes um tribunal mais conscencioso o arrastava para o banco dos réus, em primeiro lugar por ser um escritor *"osé"* e depois por não estar inscrito no partido. Quanto ao partido, Pitigrilli respondia: "Não faço política, nunca me inscreverei em nenhum partido, porque ao idiota do meu partido preferirei sempre o inteligente do partido adversário", e quanto à obscenidade, recorria a um pronunciamento de Mussolini que lhe fora repetido por De Bono ("Pitigrilli não é um escritor imoral: fotografa os tempos. Se a sociedade é corrupta, a culpa não é dele"). Apreendam-lhe os livros, decretava De Bono, agora governador da Tripolitânia, esquecido de quando, chefe de polícia, revogara medida semelhante. O triúnviro era ouvido por rogatória, e Pitigrilli absolvido. Por outro lado, do porquê Pitigrilli seria provocatório, uma boa explicação fora dada por Mussolini, que Pitigrilli cita sempre com respeito (freqüentemente ele ironiza os fascistas, sente-se, com sincera dramaticidade, indignado ante as matanças nazistas, mas cita sempre Mussolini com certo pudor deferente): "Gosto dos seus livros" dissera-lhe o Duce, "mas o senhor não é um escritor italiano: é um escritor francês que escreve em italiano". (*Pitigrilli parla*, pp. 237-242).

Diria que Mussolini nessas coisas é autoridade: pequeno-burguês com tinturas de cultura ultramontana, representa o leitor médio italiano da época, que percebia em Pitigrilli alguma coisa que não era de casa. Farejava venenos parisienses, e é verdade, porque Pitigrilli não fazia mais que transplantar para a província turinense, primeiro, e para a província italiana depois, certa céptica elegância *boulevardière* a serviço de uma irritação totalmente nacional pelas disfunções do corpo social, do governo, das profissões, da cultura. Por outro lado, ele mesmo cita repetidamente os escritores que o influenciaram: Voltaire, naturalmente (*comme tout le monde, d'ailleurs*), e depois os dois grandes mestres do anarquismo cultural-popular, Barbusse e Nordau; por fim, os grandes humoristas parisienses, de Tristan Bernard a Cami. Também citados, ligeiramente, vemos Oscar Wilde bem como o Flaubert do *Dictionnaire*. Havia também – é claro – na sombra, Papini e Giuliotti do *Dizionario dell'uomo salvatico* mas ao que me parece, Pitigrilli cita Papini uma vez somente, e para dizer que lendo *Ventiquatro cervelli* e *Buffonate* conseguia acender suas idéias (*Pitigrilli parla*, 123). Voltando à influência parisiense. Não só ela lhe plasma o estilo, brilhante, imediato, sinteticamente essencial como até mesmo a onomástica: em francês são citados até autores italianos, latinos ou flamengos: Pitigrilli fala de "Scot Erigène" (*Lezioni*, 191), de "André Vésale" (*Meravigliosa*, 67), de Léon X" (*Dolicocefala*, 145-88) e assim por diante, como se se tivesse formado culturalmente apenas às margens do Sena, embora (conforme aparece explicitado em *Pitigrilli fala*) tenha estudado, além de Direito, também Filosofia, na Alma Mater turinense. A permanência em Paris e a atividade jornalística ali desenvolvida anos a fio haviam provavelmente marcado fundo o nosso autor. Na Itália de então, Paris era o Pecado: ergo Pitigrilli era o Pecado. Bastava que descrevesse as luzes de Pigalle. E ele as descreve sempre que a ocasião se lhe apresente. Há que compreender os prefeitos do vintênio.

Mamíferos de Dezoito Quilates

Pitigrilli começa como jornalista, entre Turim e Milão, e no espaço de dois anos publica cinco livros: três de novelas, dois romances. A primeira coleção de contos intitula-se *Mamíferos de Luxo*: o autor mais tarde dirá ter escolhido o título quase ao acaso, porque causava impacto, mas há já nessa escolha a sugestão de uma poética do imoralismo frívolo e uma ideologia da mulher cortesã e profissional da inconstância, que dominará as primeiras obras. Por que esses contos apenas e tão-somente *osés* foram considerados pornográficos o próprio autor o explicará em 1935 (*Dizionario*, verbete "pornografia"): "se as personagens do romance lavam-se antes e depois de fazer amor, e ao banharem-se usam água de colônia, você é um pornógrafo. Se não se lavam, você é um verista." Por outro lado o autor chegava à publicação do primeiro livro após uma atividade jornalística no curso da qual a personagem já se havia delineado. Na edição dos *Mamíferos*, que encontrei na biblioteca pública de Milão (porque o autor retirara todas as cópias de circulação e proibira sua reimpressão), certo A. G. procura defender o autor da fama de ateu e cita trechos de uma não melhor identificada autobiografia, publicada em não sei qual revista. Daí se deprende que os concidadãos (turinenses) procuravam atribuir-lhe uma "fama de pederasta, de explorador de mulheres e de amante da minha irmã (qual delas?)... A primeira acusação é a que menos me ofende, porque mais conheço as mulheres mais amo os pederastas...". Quanto à política, o credo era: "Não entendo nada de política.

Às vezes leio o artigo de fundo do meu jornal para saber como pensa sobre ela o meu diretor, e portanto qual deve ser minha sincera e espontânea convicção política". Era provavelmente o período em que Pitigrilli trabalhava como correspondente para *L'epoca*, dirigida por Tullio Giordana, seu professor de jornalismo (que depois de 25 de julho de 43 ele levará por plebiscito popular à direção da *Gazzetta del Popolo*). Aqui (segundo as confidências em *Pitigrilli fala*) o jovem jornalista dá prova daquela desenvoltura profissional que posteriormente atribuirá ao protagonista de *Cocaína*: Pitigrilli inventa para Giordana a notícia de uma conferência à qual não fora e que de fato não havia acontecido, da mesma forma que a personagem de *Cocaína*, correspondente em Paris (para onde efetivamente Giordana depois mandará Pitigrilli), inventa a reportagem de uma execução capital na realidade adiada. Pitigrilli mal havia terminado, depois de Direito, Filosofia, onde se inscrevera por amor a uma estudante, freqüentando com efeito as aulas de medicina, e já enfrenta o jornalismo, como, aliás, enfrenta a política: como desafio, provocação, jogo, divertimento e busca de seu ideal de objetividade como verdade – contracorrente: enviado a Fiume durante a ação d'annunziana, demonstra que aquela zona é de sentimento iugoslavo (mais tarde se retratar-se-á, reconciliando-se com o Poeta Soldado).

Da literatura já tem uma idéia muito clara:

Detesto a literatura onde há gente sem camisa que rega a horta, joga cartas, assoa o nariz com os dedos e onde as mulheres se chamam 'mãe

Rosa' e os homens 'compadre Tônio'. Só leio romances em que os homens usam camisa de seda e as mulheres tomam banho de manhã.

Quanto ao outro sexo:

todas as mulheres são prostitutas, menos nossa mãe e a mulher que amamos no momento. Em cada mulher há uma prostituta como em cada homem um soldado. As mulheres virtuosas são casos esporádicos como os reformados e os renitentes.

Estas últimas afirmações são tão abertamente provocatórias que parecem ditas "de contrapé". Mas os romances do primeiro período mantêm-se fiéis a elas. E pelo estilo das citações acima enunciadas já se vê que ele não tenta ser nem "literato" nem original. Simplesmente está na moda.

Isso não impede que a seu modo seja um moralista. E se nas novelas de *Mamíferos* celebra a inconstância feminina e a *midinette* que se torna cortesã, em *Cocaína*, seu primeiro romance, de 1921, a descrição do ambiente vicioso dos antros de cocainômanos em Pigalle tem frêmitos veristas que lembram o populismo de um Paolo Valera e – se quiserem um Mastriani reciclado a talco anti-séptico Roberts:

O homem avarento até a loucura, a mulher ávida de jóias até o delírio, não idolatram tanto seus tesouros quanto o cocainômano o seu pó. Para ele, aquela substância branca, cintilante, um tanto amarga, é algo sagrado: chama-a pelos nomes mais carinhosos, mais ternos, mais meigos; fala com ela como falamos com a amante que reconquistamos quando já acreditávamos tê-la irremediavelmente perdido: a caixinha da droga é sagrada como uma relíquia, e ele a julga digna de um ostensório, de um altar, de um pequeno templo. Coloca-a sobre a mesa e a contempla, chama, acaricia, pousa-a sobre o rosto; aperta-a de encontro ao coração.

Uma das mulheres, tão logo aspirou sua dose de pó, precipitou-se sobre o homem que a oferecera, e enquanto este se preparava para levar às narinas os resíduos da caixa, agarrou-lhe a mão e, segurando-a firme entre as dela, levou-a ao rosto e aspirou, fremindo.

O homem, com um gesto vivo, libertou-se e aspirou voluptuosamente o resto. Então a mulher tomou-lhe a cabeça entre as mãos (oh! aqueles dedos exangues, recurvos como garras sobre aqueles cabelos negros!) e com os lábios umidecidos, vibrantes, palpitantes, lançou-se sobre a boca e lambeu-lhe gulosamente o lábio superior, introduziu a língua em suas narinas para recolher as poucas sobras retidas no orifício.

"Você me sufoca!" gemia o homem com a cabeça jogada para trás, segurando-se com os braços estendidos ao espaldar: as veias do pescoço estavam inchadas, o osso ióide subia e descia nos movimentos desconexos de deglutição.

A mulher parecia uma pequena fera que antes de devorar saboreasse o perfume da carne ainda não dilacerada; parecia um gracioso vampiro;

seus lábios pareciam aderir firmemente ao rosto do homem pela força pneumática da boca aspirante.

Ao desprender-se, os olhos estavam velados como os de um gato ao qual se abram delicadamente as pálpebras enquanto dorme; e na boca aberta (os lábios não se tornavam a juntar, como que paralisados) os dentes riam, como os dentes dos mortos, sobre a máscara muda. (*Cocaína*, 22-23).

Quanto ao estilo desses primeiros romances, bastam outras duas citações, sempre de *Cocaína*. Veremos que os modelos d'annunzianos funcionavam também para o nosso iconoclasta, que ainda não ostenta aquelas qualidades de escrita rápida, aparentemente anti-retórica, de maneira alguma floreada, de que dará prova nos livros do período céptico-laico.

"A dança de Bengala", anunciou o bailarino. Um turbante de seda branca envolvia-lhe a fronte e era fechado por um grande brilhante de onde partia uma volumosa *aigrette*. A mulher, completamente nua e depilada, tinha na cabeça um camauro de ouro que lhe descia em duas abas ao longo das faces, acentuando-lhes o ovalado. A palidez brônzea e a umidade reluzente da carne vibravam, fremiam nos movimentos felinos: o corpo tinha trepidações balouçantes alternadas com insidiosas e breves perplexidades, como um jovem jaguar que hesita e salta: nos olhos vastamente marcados de antimônio brilhava um turvo langor opiado: a pele exalava ambíguo mas fortíssimo perfume de açafrão, sândalo, benjoim; no rosto moreno de reflexos esverdeados o fulgor da dentadura surgia como uma espátula de marfim mantida entre os lábios abertos; e os braços flexíveis contorciam-se, enroscavam-se, introvertiam-se elasticamente, aderiam ao pescoço, deslizavam ao longo dos quadris, serpenteavam sobre o ventre, revoluteavam ousadamente como duas serpentes, cuja cabeça era simulada pelos dedos distendidos e retraídos, e adornados por duas luminosas calcedônias fascinadoras e frias como dois olhos magnetizantes. O corpo do jovem jaguar debatia-se desesperadamente entre as espirais, e o riso esmaltado torcia-se no trejeito pré-agônico. (*Cocaína*, 78).

A mulher estava mergulhada num sono quase cataléptico.

Tito levantou-lhe o vestido desajeitadamente, com dedos incertos, muito lentamente, para saborear a progressiva revelação, até a metade da coxa; as meias estavam presas por uma correntinha de platina e pérolas, fechada por uma fivela adornada de inscrições armênias. Levemente, religiosamente, como se descascasse uma amêndoa, como se descobrisse uma relíquia, foi dobrando a meia até a metade da pantorrilha, e contemplou a reentrância suave do póplite – na mulher as reentrâncias são bem mais excitantes que as convexidades! – limitadas por tendões finos como primas.

Era uma taça magnífica.

Um cálice de champanha ainda intacto estava humildemente de pé, perto dali: na borda, um pouco de espuma desfeita: do fundo subiam raras bolinhas que desapareciam na superfície. Tito segurou-o com dedos

trêmulos pela haste delgada e derramou o louro conteúdo naquela suave reentrância: nem uma gota se perdeu: a mulher sequer estremeceu: o póplite era vasto como uma boca aberta.
"Kalantan!" gemeu Tito.
Sobre aquela boca de carne branca, Tito curvou-se com sua boca ressequida pela febre, e sorriu de olhos fechados.
"Kalantan!"
Parecia beber de uma magnólia. (*Cocaína*, 82)

Do primeiro Pitigrilli não me parece que haja mais a dizer. Salvo levantar a suspeita de que o autor tenha repudiado seus primeiros romances não por razões morais e sim por razões estéticas. No final das contas, nas obras subseqüentes ele conseguiu construir um estilo mais original, e mais moderno. *Cocaína* é legível apenas como documento; *Dolicocéfala* pode ainda proporcionar alguns prazeres narrativos além das preocupações documentárias.

Mas a fama de Pitigrilli cínico maldito e libertino ficou dessas primeiras obras. O autor não mais conseguirá livrar-se dela. Eliminada a incontinência sexual, entregar-se-á à incontinência intelectual. *Viveur* das idéias, deverá a essa paixão o seu êxito popular e os seus limites culturais.

Oscar Shaw na Ruritânia

O leitor que tem à disposição, como amostra crítica, *O Experimento de Pott* (1929) e *Dolicocéfala Loira* (1936), pode com um esforço abstrativo construir para si um modelo de todos os futuros romances pitigrillianos (e de muitas das suas novelas). Dentro de uma linha desse tipo surgem, por exemplo, *Os Vegetarianos do Amor* (1931), *A Maravilhosa Aventura* e *Aulas de Amor* (1948).

Tome-se para tanto uma personagem masculina excepcional, com um nome de nacionalidade imprecisa (Teodoro Zweifel, Paolo Pott, Esaù Sanchez, Nicola Flamel), que encontra uma mulher excepcional, (Judy Olper, Nika, Flammèche). Movimentem-se ambas num ambiente de nacionalidade igualmente imprecisa, para começar Paris, mas em seguida um principado mitteleuropeu, que tenha alguma coisa de Liechtenstein e Monte Carlo, uma família reinante, um parlamento fictício, algumas multinacionais, um cassino, grandes hotéis, um lago: numa palavra, a imortal Ruritânia do universo operetístico (às vezes Slivônia, outras Poldávia, onde as personagens têm nomes franco-germano-moldávios). Seja a personagem masculina um homem excepcional, dotado de um intolerância programática com as estultícies da sociedade moderna, capaz de individiduar com sarcasmo a imbecilidade dos governantes, a desonestidade dos juízes, a ignávia dos funcionários, a incompetência dos médicos, o egoísmo dos ricos, a vileza dos pobres. Elabore ele um programa de contestação paradoxal que o leva, através da perseguição, a tornar-se o homem do dia, idolatrado pelas mulheres, badalado pela imprensa, assediado pelas caçadoras de autógrafos. Circule num ambiente que raciocina como Homais e a ele responda com aforismos extraídos do *Dictionnaire des idées reçues*, de Rivarol, de Vauvenargues, de La Rochefoucauld, das comédias de Oscar Wilde e da *opera ominia* de George Bernard Shaw. Encontre ele a mulher ora apaixonada ora cínica (ou ambas as coisas, a virtude oculta sob a casca do vício ou vice-versa), sempre lúcida, consciente dos ritmos da vida. Tenha a mulher o cheiro quente do pó-de-arroz, lábios como uma ferida sangrenta; ou então seja eficiente, *tailleur* Chanel, empresarial; de qualquer forma sempre sedutora, namoradeira, intelectual mas não *bas-bleu* (como serão as outras que a cercam). Falem ambos sem pausas (a ação é reduzida ao mínimo) e interroguem-se sobre o amor, a vida, a política, a ciência e a honestidade. Seja ela como a Roxane de Rostand, que não se entregue antes que o amante não lhe tenha desenvolvido um ensaio crítico sobre o amor, mas dele exija não a argúcia barroca e sim a precisão e a fantasia enciclopédica. Que os diálogos amorosos sejam como um pingue-pongue, de perguntas e respostas, fundamente-se um argumento apenas sobre referência erudita usada de modo anômalo ("Aborrecimentos?... Quando penso que a estrela Aldebarã está a uma distância de cinqüenta e quatro anos-luz de nós, que me importa com o que mome possa acontecer?", *Pott*, 17, 222; "Para observar que sou bela você precisou esperar três semanas?" Ele responde: 'Kepler, antes de dizer que os quadrados da duração das revoluções planetárias são proporcionais aos cubos dos grandes eixos de suas órbitas, pensou dezessete anos", *Dolicocefala*, 16, *11*). Insista-se nesse ideal de diálogo douto e cintilante até a exaustão. No fim ele, que por um sonho de pureza irritadiça e inatual deu um pontapé em muitas das suas oportunidades, mas conquistando outras, depois de se ter tornado admoestação, bandeira e exemplo para as maiorias, e portanto mestre – a seu modo – de revolução, que permaneça decepcionado e ferido; e morra ela consumida por mal incurável ou desapareça minada por outro mal, igualmente incurável, o cinismo, o realismo aviltado, a inconstância feminina. Não lhe restem a ele senão afetos e valores elementares, uma criança, um exílio. Cincinato da cultura e do mundanismo, Rimbaud da efervescência, que o herói pitigrilliano encontre uma pálida fé e envelheça ou desapareça longe do mundo, de suas obras e pompas. Esta é a trama, o pretexto. A substância da narrativa pitigrilliana, no entanto, é outra. É batalha de idéias. Sem que por isso Pitigrilli seja um estrategista. Ele não sabe qual deverá ser o movimento final, porque não tem um conceito de vitória. É um tático da citação brilhante. Suas batalhas são como partidas de xadrez, em que se escolhem as brancas ou as pretas por acidente da sorte e, terminada a partida, também se pode trocar de cor. Essa não-ideologia determina sua técnica do paradoxo, que é, na verdade, uma combinatória do aforismo.

Mas para compreendermos sua tática, precisamos compreender sua falta de ideologia. Para isso, antes de chegarmos à sua teoria do aforismo (sobre a qual tinha idéias muito claras), precisaremos passar através do universo das outras teorias, a política, o sexo, a arte, a história, matérias sobre as quais, ao contrário, e deliberadamente, ele não tinha idéias – ou melhor, tinha-as demais.

Um Anarco – Conservador

Ao lermos o que Pitigrilli dizia das mulheres e do amor, concluiríamos que era um "céptico". Mas não é verdade que o céptico não acredite em nada. Ele crê na sua *scepsi*, isto é, nas capacidades críticas da razão. E de seu cepticismo extrai uma virtuosa imperturbabilidade. Mas Pitigrilli era um moralista (mesmo quando escrevia *Cocaína*) e, tudo somado, a relatividade dos valores, ao invés de infundir-lhe viril firmeza céptica, impelia-o ao desdém e ao sarcasmo; tanto isso é verdade que logo, pôde, agarrou-se a um valor supremo, a religião, e para assoberbar-nos com valores, experimentou muitos outros dos, quais o espiritismo não foi o último.

Se considerarmos o modo como manipula idéias e palavras (como veremos no parágrafo seguinte) diríamos que era um "cínico". Mas o cínico extrai prazer do desprezo que exercita sobre os outros seres, reduzidos a meios para a satisfação de suas paixões, ao passo que Pitigrilli padecia de um sonho de honestidade a todo custo, e quando fala de si (o que faz com freqüência), sempre procura apresentar-se como um contestador adamantino, emagado pela estupidez e pela vilania (e também pelo cinismo) dos outros. Crendo-o céptico e cínico, os contemporâneos deram-lhe o sucesso, mas ele insistia em dizer que representava a sociedade tal como era. Ao lermos não apenas suas obras posteriores, como *Moisés e o Cavaleiro Levi* (1948), mas também as primeiras, damo-nos conta de que se Pitigrilli tivesse podido construir para si uma sociedade segundo o modelo de seus próprios desejos secretos (ou pelo menos de suas idéias sublimadas) teria querido uma sociedade patriarcal fundada na família, com o adultério controlado pela responsabilidade moral, as mulheres virtuosas, a religião levada a sério, os defuntos venerados, os pactos respeitados, as profissões ilustradas por uma prática intemerata. Amigo de Gonzano, a quem no fim da vida invocará em várias sessões espíritas, conseguindo em troca poemetos mediúnicos, seu sonho secreto era a Senhorita Felicidade. Parece dizer "não a quero" mas efetivamente diz "ai de mim, ela se foi". Ao escrever seus livros nada faz para que ela volte a existir, mas no fundo do coração deseja-a, apesar de convencido de que se voltasse ele próprio não saberia mais o que contar.

Ora, este modelo de conservador insatisfeito que se alimenta de lamúrias sobre o mau andamento da coisa pública, que não aceita nenhuma proposta de ação porque nela divisa os inevitáveis resultados compromissores, que vituperando contra o universo social julga-se, no fundo, o único e verdadeiro revolucionário possível, porque exige que a história caminhe segundo seus desejos superficiais e impossíveis, este contestador regressivo, este eversor tradicionalista, tem um nome, ainda que desagradável. É o *qualunqüista**. Mas se o termo está excessivamente conotado e preso à sua época, forjaremos outro para o caso, talvez mais apropriado a Pitigrilli: *anarco – conservador*.

Paolo Pott escuta do velho juiz de apelação uma profissão de cepticismo: a verdade não existe, porque bastam dois copinhos de conhaque para transformá-la, a justiça é determinada por dois graus de febre que alteram a lucidez do juiz, um sapato apertado muda o modo de pensar de um homem. O céptico procura mover-se com prudência num universo em que os seres humanos calçam sapatos apertados, são atacados por febres e bebem conhaque. O anarco-conservador, ao contrário, elabora uma invectiva contra a imperfeita humanidade dos juízes. O céptico sabe que a política vive no compromisso. O anarco-conservador afirma que todos os que fazem política são enganadores do povo. O céptico vê a política como a arte que pode dirigir o homem num universo em que o homem é o lobo do homem. O anarco-conservador protesta contra os lobos como se existissem homens que nunca são lobos; indigna-se, mas vê a indignação alheia como astúcia e demagogia; protesta contra os males da sociedade, mas sobretudo protesta contra aqueles que protestam contra os males da sociedade. Por isso nunca tem soluções, a não ser paradoxais, ou infantilmente eversivas (não paguemos mais impostos, visto que quem os come são os ministros). Decididamente não tem ideologia.

Já vimos no parágrafo precedente o que pensava Pitigrilli das opiniões políticas. Não se inscreve no PNF não por ser antifascista, mas pelos motivos expostos no *exergue* de *Dolicocéfala*: "compreendo o beijo no leproso, mas não admito que se dê a mão ao cretino". Seu antifascismo (que lhe rende não poucos aborrecimentos) é na realidade um a-fascismo. É tão pouco ideológico que, diante de Mussoli-

---

* O termo nasce em 1946, com o jornal fundado por G. Giannini, *L'Uomo Qualunque*, que deu origem ao movimento político conhecido como *qualunqüismo*, extinto oficialmente em 1955. Seu partidário, o *qualunqüista*, caracterizava-se pelo posicionamento extremamente derrotista em política. (N. da T.).

ni, o que no fundo o conquista é a autoridade e a eficiência
do homem; quando mais não seja a magnanimidade graças
à qual Mussolini, por duas vezes, absolve Pitigrilli reconhecendo-lhe a inteligência (quem desconfia das idéias despreza as categorias, políticos, médicos, advogados, farmacêuticos, todos eles notoriamente embrulhões, mas cede ao
fascínio pessoal do indivíduo de prestígio). Pitigrilli suspeita de Marinetti e do futurismo, julga que o movimento da
vanguarda é o último refúgio dos incapazes e dos que
não sabem gramática (a pintura abstrata pinta com o rabo
do burro), irrita-se e com razão ao ver o subversivo Marinetti entrar triunfante no *establishment*, mas aprova Mussolini porque

não podia apreciar os ruídos e as dissonâncias, nem as extravagâncias pictóricas; amava a pintura clássica, proibira a buzina dos automóveis pelas ruas de Roma, tocava em seu violino Pergolese, Paganini e Grieg. Estava demasiadamente imbuído da saudável e conscienciosa pintura do século passado – Michetti, Fattori, Tallone – e amava demais a Itália, aquela Itália que ensinou pintura ao mundo, para aderir pessoalmente a um gênero de arte que na França chamam de 'le genre loufoque', isto é, doido, e na Alemanha, de 'entart Kunst', isto é, arte degenerada.

E escreve essas palavras em 1949 (*Pitigrilli parla*, 91), é
verdade que vivendo na Argentina, sem se dar conta dos
fantasmas ideológicos que está evocando, quando ao contrário pensa ironizar sobre o que resta da sociedade fascista.
Quanto ao mais, ainda sobre arte contemporânea (em *Meravigliosa*, 41-42), define os poetas de vanguarda como "ultra-modernos" e os julga "incompreensíveis que tratam de
cretino a Victor Hugo". Estamos em 1948, e no ano seguinte (*Pitigrilli parla*, 85-86), menciona Picasso e Modigliani para observar como os açougueiros que lhes compraram as
obras por dois tostões hoje têm milhões dentro de casa; mas
deixa entender que na verdade não consegue apreciar "os
olhos que choram entre as cordas de uma guitarra" e "os
infantilismos que se acham em todos os cadernos das crianças do asilo".

Voltemos à política. É singular que no *Dicionário*, que
sem dúvida recolhe milhares de observações e aforismos
alheios, todos aqueles que se acham sob o verbete "política"
tenham um cunho qualunqüista (a época histórica não vem

ao caso) e na essência definam a política como a arte de enriquecer às custas dos outros. Com tudo isso ele ainda aspira a fazer política. *A Maravilhosa Aventura* conta a história de uma personagem excepcional que, condenada injustamente e depois reconhecida como inocente, pede para ser ressarcida cometendo outros tantos delitos para descontar os anos que padeceu no cárcere, sem culpa, e diverte-se punindo de modo ilegal (mas moralmente justo) diplomatas infames e juízes prevaricadores. O protagonista, Nicola Flamel, tem todos os estigmas do herói justiceiro dos romances de folhetim oitocentistas, que sobrepõe sua ação super-homística à frouxidão das leis; mas Pitigrilli apresenta seu romance como uma obra revolucionária, e mesmo de "extrema esquerda", embora "entretecida de fé", ainda que a batalha de Flamel (aliás brevíssima, pois em seguida sobrevém o desejo do retiro incontaminado pelo mundo) inscreva-se na clave do seu *Dicionário Antibalístico*, isto é, como "um *anti* coletivo contra todas as balas, não importando quem as tivesse carregado" (que lembra o "oh! esses aproveitadores!"). No fim, suas personagens revolucionárias concretizam o aforismo lucidamente enunciado pelo autor numa conferência de 1930 (*Dizionario*, 260): "Nascemos incendiários e acabamos bombeiros".

Isso não impede que as páginas de Pitigrilli vibrem freqüentemente com sincera indignação ante os grandes males sociais: mas se de um lado ele estigmatiza o aborto dos ricos que deixa sem solução o problema do aborto dos pobres, se protesta contra a sentença que condena quem roubou por fome e absolve o grande especulador, tudo isso não muda sequer de um milímetro sua posição de insatisfação generalizada para uma posição de proposta política. Aliás, Pitigrilli, do anarco-conservador paga o preço todo, impelido por suas irritações inaturais a criticar o hoje embora à custa de revalorizar todos os nossos ontens. Tem problemas com os fascistas porque radicaliza com displicência, mas após a libertação não encontra coisa melhor para atacar – ele, judeu, – do que os judeus. A seguir ironiza sobre a ignávia dos exilados antifascistas que acabam no exterior totalmente dispersos (*Pitigrilli parla*, 113), esconjura os campos de concentração nazistas e imediatamente cita "os 300.000 assassinados na Itália setentrional após a libertação", promove a fuga de um comunista para a Suíça pelo gosto de irritar o Tribunal Especial (*Pitigrilli parla*, 110), mas lembra que "aqueles que encorajam a que se acendam velas no altar do ideal... têm, nove entre dez casos, um fábrica de parafina que os subvenciona". (*Meravigliosa*, 43).

O conto "Desenvolvimento" (*Lezioni*, 196), onde o autor fala de um professor que se esforça por passar temas mais sinceros para os meninos, termina assim:

> Agora estão decentemente dispersos pelo mundo. Um trabalha como antiquário, outro como jornalista, outro como sociólogo: falsificam respectivamente o passado, o presente e o futuro... Há um que não faz nada de concreto, mas vive em harmonia com o seu próximo, pensando que tudo pode ser verdade, e que ninguém está inteiramente errado e ninguém está inteiramente certo. O filho do banqueiro foi o único que não soube extrair da escola nenhum ensinamento útil. Trabalha como professor.

Aí, embora a última tirada pareça resgatar a amargura das primeiras, o conjunto, porém, nega aquilo que o conto esperava pelo menos afirmar, isto é, que pode haver um modo de ensinar não conformista.

Por outro lado, o qualunqüismo de Pitigrilli não está apenas radicado em sua psicologia, forma extrema de um cepticismo originário e cultivado. É também projeto de poética e, dado o êxito da poética, mecanismo de êxito. Levado à desmistificação de todos, e por conseguinte (ocasionalmente) de si mesmo, Pitigrilli revela-se em *Dizionario* (198):

> Já que entramos pelo caminho das confidências, reconheço que tenho estimulado o vandalismo do leitor. Explico-me: quando, na rua, explode uma briga ou acontece um acidente de trânsito, brota repentinamente das vísceras da terra um indivíduo que procura dar uma guarda-chuvada num dos dois contendores, em geral no automobilista. O vândalo desconhecido desafogou o seu rancor latente. Assim também nos livros: o leitor que não tem idéias ou que as tem em estado amorfo, quando encontra uma frase pitoresca, fosforescente ou explosiva, enamora-se dela, adota-a, comenta-a com um ponto de exclamação, com um "muito bem!", um "certo!", como se ele a tivesse sempre pensado assim, e aquela frase fosse o extrato quintessencial do seu modo de pensar, do seu sistema filosófico. Ele "toma posição", como dizia o Duce.
> Eu lhe ofereço o modo de tomar posição sem descer ao jângal das várias literaturas.

Projeto exemplar, que seria preciso ter a coragem de sustentar em profundidade. Mas pobre dele então se recusasse o rótulo de cínico. E no entanto, quando em 1938 a Enciclopédia Treccani dedica um verbete a Pitigrilli (redigido por Amedeo Chimenez) e observa que "a derrisão da moral corrente e a pretensão de desnudar, mediante a representação das perversões, a alma humana, carecem de todo e qualquer sério aprofundamento, e de todo e qualquer íntimo sofrimento, resolvem-se em ironia superficial e cinismo aforístico, raramente na desolação do cepticismo" (juízo que se pode ainda tranqüilamente subscrever), eis que Pitigrilli se toma de indignação. Disse ele próprio cultivar com desenvoltura o vandalismo do leitor, louvou quem não crê em nada, poderia registrar, a título de elogio, ter cultivado o cepticismo irônico numa época de infames retóricas. Ao invés disso, queixa-se: "com essa bela objetividade um crítico do regime fascista escreveu a meu respeito, eu que sou um dos sete artistas italianos que nunca lustraram os sapatos do regime" (*Pitigrilli parla*, 127). O paralogismo aí é patético: quem não lustra os sapatos do regime deveria estar contente de ser atacado pelo regime, mas o anarquismo de Pitigrilli era conservador, e portanto, ele sofria com a incompreensão por parte do poder. O qualunqüista ridiculariza quem possui a cruz de cavaleiro mas reprova o governo ladrão que jamais lha concedeu. Amargurado por inimigos reais, Pitigrilli empenha-se contra inimigos imaginários para cultivar seu plangente embirramento, *sans-culotte* que ataca a Bastilha na esperança de ser convidado a jantar por Maria Antonieta, e que, uma vez convidado, faz corarem à mesa as senhoras presentes, convencido de ter feito o seu quatorze de julho, mas depois se queixa de ser um incompreendido, quando os servos o escorraçam a bastonadas.

A Máxima "Double Face"

E no entanto, com todos esses defeitos humanos (que rigorosamente deduzimos de seus textos, nunca de inverificáveis fofocas biográficas), Pitigrilli tem o estofo do humorista. Disciplinando-se, teria podido ser um grande escritor satírico. Dele se poderia dizer, como da Nika de *Meraviglio-*

sa avventura (34): "amava as palavras científicas que por si só evocam mundos. Lançava ao ar as imagens e as retomava ainda no vôo, como a baqueta dourada do tambor-mor".

Podia ser um mestre da invectiva. Veja-se esta rajada de contestações a uma velha e azeda solteirona moralista (*Lezioni*, 71):

De comum com as mulheres a senhora tem a saia, se é que se pode assim chamar o pano de embalagem que lhe cobre os órgãos da locomoção, abusivamente denominados de pernas: por um fenômeno freqüente em biologia, a senhora possui alguns resíduos anatômicos, alguns pequenos incidentes em comum com as mulheres, como em certas espécies de animais existem os vestígios de outras espécies: os ossículos do ouvido interno dos quadrúpedes, por exemplo, que lembram o opérculo dos grandes peixes, coincidência pela qual um observador desatento poderia tomá-la por uma mulher. Mas por possuir duas rodas nem por isso o carrinho de servetes nos autoriza a chamá-lo de motocicleta.

Podia ser – e amiúde foi – um mestre do diálogo teatral fulminante (*Meravigliosa*, 145):

"Polícia", disse, e apresentou o comprovante na carteira de celulóide.
"Vê-se", respondeu Flamel, dando uma olhada no chapéu que o outro não tirara da cabeça.
O inspetor ensaiou colocá-lo sobre a cama:
"Das duas prefiro que o conserve na cabeça", disse Flamel.

Sabia atingir tons de frivolidade setecentista ao distribuir suas aulas de estilo, desmonstrando ser um mestre da observação num mundo de *gaffes* pequeno-burguesas e clichês aristocráticos. E para compreendermos os dotes de Pitigrilli que se registre por inteiro este longo trecho de *Lezioni d'amore* (125-133):

Notei que caminham com graça. Equilibrar na mão uma bandeja de bebidas confere beleza ao andar. As grandes damas deveriam passar por um aprendizado como garçonetes de cafés. Levantem-se por favor. Dêem dois passos. Sentem-se. Não. Disse para sentarem-se, não para que procurassem com o corpo a cadeira... Evitem correr. É melhor perder o trem do que perder a linha. Se suas condições só lhes permitem um vestido de cretone façam um vestido de cretone, simples, fresco, jovem, saído de uma peça que ainda cheire a loja. Não procurem juntar farrapos de veludo com retalhos de lamê que terão uma capa de imperatriz de marionetes.
Um par de sandálias assentam melhor que pantufas de cisne... Se não puderem pagar um apartamento luxuoso, façam um estúdio de artista: duas estampas de Utrillo ou de Dufy, recortadas da *Illustration* e fixadas com quatro tachinhas, conferem mais estilo que um borrão a óleo de ne-

nhum valor. Ofereçam café em lugar de um mau espumante, limonada em lugar de um licor medíocre, mas se oferecerem conhaque que seja um Hennessy. Nunca brinquem com os objetos que estiverem segurando. Usem o isqueiro mas não brinquem com ele de acender e apagar; não fiquem estalando o fecho da bolsa: se tiverem o hábito de pôr em pé e depois deitado e novamente em pé o tubinho de batom, percam-no: não peguem nos objetos que vêem sobre as mesas, não façam barquinhos com a embalagem laminada dos cigarros nem talharim com a beirada dos jornais. Não tamborilem, não assobiem, não respirem fundo, não soprem ruidosamente pelo nariz nem a fumaça, nem o tédio, nem a desaprovação, nem o espanto, nem o parecer contrário. Não girem no dedo as chaves do automóvel. No trem, não brinquem com a tampa do cinzeiro...

Falem no tom certo: jamais levantem a voz. Não façam o que os ingleses chamam de personal remarcs (*sic*, N.d.C.): isto é, nunca digam você está engordando, está pálido, está bem, está ficando careca. Não tirem o fio do casaco, o cabelo da gola, o mosquito do colarinho... Jamais terminem, defeito freqüentíssimo, a frase do outro. Sejam cautelosas nos juízos em matéria de arte: na pintura moderna é fácil tomar um nascer de sol por um ocaso de lua. Sejam igualmente cautelosas ao julgarem a poesia moderna... hoje os maus versos assemelham-se tanto aos bons versos que há o perigo de confundi-los...

Nada contém a respeito de si próprias. Não digam que estiveram em Varsóvia, moraram em Berlim, que conhecem estenografia. Um dia lhes acontecerá de referirem-se aos oitocentos crocodilos do Zoológico, ou ao monumento a Chopin, ou de anotarem velozmente seus apontamentos, e essas coisinhas, jamais ditas antes, adquirirão um valor imenso...

Evitem expressões vulgares como "chegar aos finalmente", "as idéias belicosas", o "ato material", "em minha casa é assim"... Não digam frases surradas como "é preciso mais coragem para viver do que para suicidar-se", "as cores do outono são mais belas do que as cores da primavera"...

"Como fazer, doutor, para demonstrar-lhe a minha gratidão?"

"Mande-me clientes!"

"E onde encontrarei clientes que precisem de aulas de estilo?"

"Entre as condessas autênticas".

No quinto capítulo de *O Experimento de Pott* a arenga do advogado idiota que consegue a condenação de sua cliente depois que o ministério público, juízes e jurados já se inclinavam a seu favor, é indubitavelmente um belo trecho satírico, bem como, em *Dolicocéfala Loira*, o relatório do processo contra Teodoro Zweifel. Como salvar Pitigrilli? Como permitir que caiam, por um feliz erro do tipógrafo, frases como "gostaria de viver num desses países onde os cavalos, no estado selvagem, correm com a crina ao vento pelas imensas pradarias" (*Meravigliosa*, 58) e deixar viverem apenas sentenças como "sê indulgente com quem te deu uma rasteira pois não sabes o que te reservam os outros" (*Meravigliosa*, 45).

Pitigrilli responderia que não é responsável por nenhuma das duas frases porque ambas foram ditas por uma das suas personagens e caracterizam a elas, não ao autor. Teoria por ele elaborada no "Preposfácio" ao *Dizionário antiballistico* (219), quando lembrou que se Balzac faz Vautrin dizer "a honestidade não serve para nada", exprime uma opinião de Vautrin e não de Balzac. Mas Balzac constrói em torno de Vautrin, que diz tais frases, uma série de situações narrativas que "julgam" Vautrin. Pitigrilli não: suas situações narrativas não são mais do que as personagens que falam e alinham frases, e com freqüência é difícil dizermos se fala uma personagem em lugar de outra, porque nelas sempre fala o autor. Seus romances e novelas não são outra coisa senão uma enfiada de aforismos, aforismos estes que, além do mais, nem sempre são de Pitigrilli, tenham as fontes citadas ou não (mas eis que em 1953 aparece o *Dicionário* quase a denunciar a existência de um tesouro intemporal onde Pitigrilli abebera sua sabedoria).

Por conseguinte, a obra de Pitigrilli outra coisa não é que a comédia do *esprit* internacional que morde o próprio rabo.

Anarco-conservador desconfiado em relação às vanguardas, ele teria podido ser um Juan Gris do *Witz*, um Schwitters das *agudezas*, um Max Ernst dos papéis para bombons: manifestou um raptus colagístico que por vezes esteve a um milímetro da operação cubofuturista. Mas não renunciou a propor como exercício de sabedoria o que de fato era exercício de destruição. Faltou-lhe o senso da deformação, o gosto ou a coragem do estranhamento, o magistério do desagradável. Ao invés de incutir no leitor o desgosto pela sabedoria em fragmentos, vulgarizava-lhe inteligência em pílulas. Céptico em relação ao material aforístico que empregava, pretendia que seus compradores o delibassem com credulidade, como exemplo de acuidade intelectual. Não acreditava em nenhuma de suas máximas tomadas isoladamente, mas para ele, leitor seu tinha que acreditar em todas e achar que Pitigrilli, sim, tinha razão.

Sobre esse equívoco lançou as bases de seu êxito, e no entanto foi ele mesmo quem as desmontou, ainda que com atraso, no pre e posfácio do seu *Dicionário*, quando disse, com todas as letras, e com louvável acuidade retórica, que é próprio do aforismo poder ser invertido sem perder a força. Vejamos alguns exemplos dessa inversão que ele mesmo nos propõe (*Dizionario*, 199 e ss).

forma canônica
Muitos desprezam as riquezas, mas poucos sabem doá-las.

forma invertida
Muitos sabem doar riquezas, mas poucos as desprezam.

Prometemos segundo nossos temores, e cumprimos segundo nossas esperanças.

Prometemos segundo nossas esperanças e cumprimos segundo nossos temores.

A história não é senão uma aventura da liberdade.

A liberdade não é senão uma aventura da história.

A felicidade está nas coisas e não no nosso gosto.

A felicidade está no nosso gosto e não nas coisas.

Às vezes Pitigrilli divertiu-se alinhando aforismos de diferentes autores, um negando o outro, ambos de comprovadíssima autoridade, sob o título "formemos uma opinião".

Só nos enganamos por otimismo (Hervieu).

Com mais freqüência nos enganamos pela desconfiança do que pela confiança (Rivarol).

Os povos seriam felizes se os reis filosofassem e os filósofos reinassem (Plutarco).

No dia em que eu quiser castigar uma província mandarei governá-la por um filósofo (Frederico II)

Amiúde arrolou as frases feitas (quiçá verdadeiras na origem) que servem para qualquer inepto brilhar em salões: os ratos abandonam o navio poucas horas antes do naufrágio, durante o cerco de Paris compravam-se ratos a trinta francos cada, as mães espartanas atiravam os recém-nascidos raquíticos do alto do Taigeto, o homem tem a idade das suas artérias, nada se cria e nada se destrói, se o nariz de Cleópatra fosse um palmo mais longo etc. etc. etc..

Admirável *furor sententialis* que o poria acima do próprio Flaubert não fosse para Pitigrilli todos serem indiferentemente Bouvard ou Pécuchet – burgueses, operários, revolucionários, fascistas, comunistas, aristocratas e populares, doutos e indoutos, senhoras bem e físicos ilustres. Não há mais sátira num universo onde todos são imbecis e a não-sapiência torna-se a única sapiência possível, e melhor se existir um cultor crítico da imbecilidade que decida cinicamente vender consolações intelectuais aos outros, como em *Dolicocéfala* Teodoro Zweifel vende *placebo* como remédio e remédio como *placebo* porque todo enfermo é ou um homem são que pensa que vai morrer ou um moribundo que se ilude com a própria cura (e como vemos, uma vez aprendido o jogo, qualquer um pode copiar o verso pitigrilliano e inverter as máximas: pode-se até apertar a mão de um cretino, inadmissível, apenas, é o beijo no leproso). *In regno coecorum* "a multidão é como a limalha de ferro que se aglomera ao redor de qualquer ímã: melhor ser ímã que limalha". Disse-o o nosso Autor.

O Jogo da Máxima e a Arte do Paradoxo

Considerado um autor de paradoxos é, contudo, exatamente na suprema arte do paradoxo que Pitigrilli fracassa. Há uma enorme diferença entre aforismo e paradoxo. O paradoxo é a real inversão da perspectiva comum com que se apresenta um mundo inaceitável. Provoca resistência, rejeição: e todavia, se se fizer o esforço de compreendê-lo, produz conhecimento. Mas sob certas condições.

Antes de mais nada, o paradoxo não é uma variação do *topos* clássico do "mundo às avessas". Este é mecânico, prevê um universo onde os animais falam e os humanos rugem, os peixes voam e os passarinhos nadam, os macacos celebram missa e os bispos saltam de árvore em árvore. Procede por adjunção de *adynata* ou *impossibilia* sem uma lógica. É jogo popular, reserva de *exempla* para as prédicas quaresmais. É um gênero literário menor e um gênero folclorístico maior. Para passar ao paradoxo é mister que a inversão siga uma lógica e esteja circunscrito a uma porção do universo. Um persa chega a Paris e descreve a França como um parisiense descreveria a Pérsia. O efeito é paradoxal porque impõe que se vejam as coisas consuetas *para ten doxan*, para além da opinião formada.

O aforismo, ao contrário, reforça de modo brilhante exatamente a opinião formada. "Harmônio: piano que, desgostoso da vida, refugiou-se na religião": é um aforismo (ou uma tirada) não um paradoxo; não nos diz mais do que aquilo que já sabíamos e em que acreditávamos, que o harmônio é um instrumento de igreja. "Álcool: líquido que mata os vivos e conserva os mortos". Bonito, mas isso já sabíamos. Quando Pitigrilli (*Dizionario*, 196) diz – emparelhando *bon mot* a paradoxo – que ambos mudam destinos em tribunal e vetam projetos de lei, derrubam Ministérios e difamam filosofias veneráveis, está repetindo os princípios eternos da retórica clássica, a respeito do uso sagaz das opiniões comuns, dos *endoxa* e dos *exempla* que, usados no ponto certo, e segundo os modos de uma *elocutio* hábil em dispor figuras retóricas entre as quais, e não por último, incluem-se oxímoro, o quiasmo, o *hysteron proteron*), forçam o público a concordar basicamente com aquilo em que já acreditava por hábito inveterado. Quando Paolo Pott diz que "a inteligência nas mulheres é uma anomalia que se encontra excepcionalmente como o albinismo, o mancinismo, o hermafroditismo, a polidactilia" (132-274), diz exatamente de modo espirituoso aquilo que o leitor macho (e provavelmente até mesmo a leitora fêmea) de 1929 desejava que lhe dissessem.

O paradoxo jamais pode ser invertido, como o aforismo, sob forma de *bon mot*. Pitigrilli cita de Tristan Bernard uma definição do sionismo: "um judeu que pede dinheiro a outro judeu para enviar um terceiro judeu para a Palestina". Experimentem invertê-lo: impossível. Experimentem agora aperfeiçoá-lo: "um judeu rico que pede dinheiro a outro judeu rico para enviar um terceiro judeu pobre para a Palestina". Experimentem inverter esse: é possível, gramaticalmente, mas historicamente não funciona, jamais um judeu pobre mandou para a Palestina um judeu rico. Singular descoberta: o paradoxo verdadeiro, ao ser invertido, revela-se como uma falsidade. Sinal de que a forma correta continha de fato uma verdade, só que se tratava de uma verdade desagradável. Um judeu de esquerda poderia usar hoje esse paradoxo para dizer que há uma ideologia sionista (capitalista) que se instala no sionismo como ideal de redenção étnica e o explora. O paradoxo introduziria a luta de classes no interior da solidariedade de raça. E revelaria que na expressão "judeu rico" o adjetivo funciona como ágio sobre o substantivo, e portanto o discurso não seria racista mas classista.

Ao perseguir *bons mots* invertíveis Pitigrilli, no entanto, descurou de procurar paradoxos inalteráveis. Além do mais, para irradiar toda a sua força, o paradoxo deve estar isolado como um diamante no centro do engaste, pouco ouro ao redor, e o resto, dedos. É preciso ter a coragem de escrever uma página insossa para fazer explodir no fim ou no meio dela o paradoxo. Ao invés disso a página de Pitigrilli resplende não só de aforismos mas também de paradoxos genuínos, e a força de uns mata a dos outros. Pitigrilli nunca soube resistir à tentação de besuntar a página com rajadas de máximas, e assim comprometeu suas mais nativas qualidades. O gênio é uma longa paciência (não se pode dizer que a paciência seja um gênio brevíssimo, e por isso a máxima, sem ser um paradoxo, é verdadeira) e sobretudo não é mera abanadela de genialidade. Na auto-apresentação já citada que precede *Mamíferos*, ao lado de uma série de afirmações sobre as mulheres, a arte e a política, Pitigrilli sai-se com uma tirada que teria podido gerar um conto genial: "Sou vegetariano mas, quando tenho comensais, como carne para não posar de diferente. Mas por não estar habituado, como também quando estou só, para habituar-me". Façamos uma experiência mental: imaginemos que esta seja uma situação à Achille Campanile. Muitíssimo possível. Mas Campanile, humorista astuto e prudente, teria isolado essa situação, atribuindo-a a uma personagem fictícia, numa página desprovida de outras cintilações. Daí teria vindo à tona um caráter. Paradoxal porque humanamente verdadeiro (*video meliora proboque, deteriora sequor*; ou seja, há um hiato entre o ideal de vida e os acomodamentos da prática quotidiana; ou então, Zeno que pára de fumar todos os dias). Na página pitigrilliana a pérola perde-se entre outras pérolas falsas; é o acompanhamento, não a melodia. Enfim, o paradoxo é, a seu modo, revolucionário, requer grande curiosidade cultural, vontade manifesta de ultraje. É instrumento de vanguarda a serviço de uma sensibilidade de vanguarda: um escritor que chama uma enxada de enxada, dizia Wilde, deveria ser forçado a usá-la. Eis um paradoxo que nos lembra o melhor Arbasino. Ora, no capítulo V de *Pott* ou no capítulo IX de *Dolicocéfala* há páginas que nos fazem pensar em Arbasino e quase poderiam induzir-nos a imaginar que Arbasino, não é mais que a edição anos sessenta do Pitigrilli anos trinta. Pensemos na tirada de Zweifel contra as frases feitas e na de Pott sobre a variabilidade de significado dos nomes. Duas páginas de semiologia incônscia, diria eu, que poderiam dar lugar a uma análise mais aprofundada ("Ariadne, abandonada por Teseu, para esquecer as mágoas tornou-se sacerdotisa de Baco. Conte-o com palavras modernas: entregou-se à bebida... No cognome Cunctator há toda a admiração que sentimos por Fábio Máximo, e traduzimos por "contemporizador" porque sua indecisão deu bons resultados; se tivesse errado, na alcunha de Cunctator poríamos desprezo, e traduziríamos por 'o irresoluto' ").

O que diferencia Arbasino de Pitigrilli? Arbasino aplica com curiosidade provocatória seus jogos destrutivos a alvos "históricos", fustiga a mentalidade burguesa sob o prisma de um projeto inovador, e conseqüentemente faz opções, escolhe seus adversários visando a uma vitória. Ao passo que em Pitigrilli, como dissemos, o adversário é indefinido, é a imbecilidade humana. Posição perigosa, que a todos tornando imbecis, no fim das contas absolve a coletividade. Seríamos tentados a dizer que essa técnica favorece exatamente os imbecis que se sentem guindados ao nível da inteligência e criticam nos outros seus próprios defeitos (e é isso que Pitigrilli admite ao afirmar que solicita o vandalismo do leitor): ainda que seja exatamente a categoria de "imbecil" que se deva rejeitar como anti-histórica, qualunqüisticamente esnobista. Jamais uma pessoa é imbecil no absoluto. É sempre (e perdoe-me o leitor se me deixo arrastar pelo *furor sententialis* de Pitigrilli) o imbecil de alguém.

Mas o *furor sententialis* é corruptor, e Pitigrilli sabia disso. Era bastante lúcido e suficientemente céptico, nisto sim, para admitir que o que ele impropriamente chamava de paradoxo "não passa de uma manipulação da verdade, é o sujeitar a verdade a um viés particular. Ensinado o truque, todos sabem repetir". (*Pitigrilli parla*, 166). Não é verdade: há truques irrepetíveis. Se não tomamos cuidado, o cepticismo impregna-se de melancolia: "Ai de mim, é doloroso mas honesto reconhecê-lo. Depois certo tempo em que a gente se dedica a este ofício, não há como escapar à náusea das palavras" (*Dizionario*, 200).

Mas o gosto pelo *bon mot* vence a náusea. Mestre em sofismas brilhantes, Pitigrilli não se dava conta de que quando chegava mais perto da verdade, na realidade fazia um falso paradoxo, não uma subversão iluminante da verdade comum, mas uma deformação incorreta da verdade lógica. Num de seus romances mais espirituosos e patéticos, *Os Vegetarianos do Amor*, Esaú Sanchez, que morrerá tísico aos trinta e três anos, abandonado pela mulher em quem confiava, aborrece-se com o sórdido ofício de professor que é seu ganha-pão, e sente o ensino como a transmissão de mentiras convencionais (também ele havia lido Nordau!) ou o entulhamento de noções inúteis. Contestador *ante-litteram*, está maduro para ocupar o próprio liceu e afirmar a rejeição ao estudo. "Ter que, todos os dias, sustentar que certos velhos trombones da literatura são grandes poetas, quando a produção deles é infinitamente inferior às poesias-anúncio do Bitter Campari...". Certo, e hoje sabemos disso. Mas gostaríamos também de conhecer o nome dos trombones e por que são assim chamados. "Contar que Safo é uma poetisa requintada, quando daqueles quatro versinhos, que através das várias mudanças da estética cometeram o erro de não se perderem, o que se depreende é que tinha ímpetos de histérica super-excitada...". Bem, mas queremos a análise dos versinhos, e saber como em outros livros fazem-se elogios a Amalia Guglielminetti, amiga do autor, apresentada como a nova Safo. "Exaltar Muzio Scevola que queima a própria mão para irritar Porsena, ou Clélia que para fugir atravessa o Tibre a nado, quando a cada oito dias há uma *miss* atravessando a nado a Mancha e quando se sabe que os chineses, havendo perdido no *fantang* os últimos taéis, apostam os dedos". Admirável, mas teria sido preferível sabermos se são heróicos os chineses ou se o estúpido era Muzio, se a analogia do ato encobria uma diversidade de situação ou vice-versa, e a quem Muzio representava, porque dessa simples passagem poderíamos depreender que é inútil falar do terremoto de Pompéia já que houve o incêndio de São Francisco, e de Waterloo visto que o desembarque na Normandia foi mais espetacular.

Esaú Sanches não está fazendo uma crítica destrutiva do saber histórico, está somente contando a história de um saber que o destruiu. Ao fazê-lo incorre num admirável paralogismo. Leiamos *Vegetariani* (pág. 21) quando ele recrimina:

> ... irritar-se, a frio, quando numa tradução latina, um jovem violava a *consecutio temporum*, ou fazia um erro de concordância, e exagerar a gravidade do erro como se se tratasse de um perigoso erro de bom senso, quando sabia que na França se alguém, na conversa, empregar um imperfeito do subjuntivo todos cairão na risada, e que em inglês o pronome possessivo concorda com o possuidor e não com a coisa possuída.

Pitigrilli (ou Esaú Sanchez) nos está dizendo, concretamente, que não vale a pena aprendermos as regras do latim quando as demais línguas têm regras diferentes. Ao passo que o argumento serve, isso sim, para demonstrar que *é preciso* aprendermos as regras do latim e que só valeria a pena não fazê-lo se as regras fossem as mesmas em todas as línguas. Precisamos aprender inglês exatamente para sabermos que em inglês não se pode dizer, como aconselharia o italiano, "the brother loves *her* sister" e sim, "the brother loves *his* sister" (isto é, "o irmão ama *seu* irmã"). E portanto, deve-se estudar a gramática latina, exatamente porque é *relativa* e não absoluta. Mas o leitor que lê a página pitigrilliana concorda, e compraz-se em ridicularizar uma escola que ensina apenas regras relativas. Toma por paradoxo brilhante o que não passa de silogismo defeituoso.

A verdade é que este voraz enciclopédico sempre encarou o mundo da cultura apenas como *flatus vocis* e território de um *jeu de massacre*. Não por falha de inteligência, mas por excesso e incontinência, por confiança na rapidez fulgurante de seus próprios circuitos mentais. Manteve-se sempre estranho à sociedade cultural, constantemente a ridicularizou, queixando-se de não ser por ela reconhecido, citando com mal oculta complacência os casos em que alguns expoentes do saber o reconheciam, e hierarquizando os valores culturais apenas em relação a seu próprio sucesso. Amigo de Gozzano e outros poetas, amava porém o consenso do público pequeno-burguês de quem aceitava as vergonhas públicas e lisonjeava as aspirações privadas.

Prisioneiro dos próprios excessos, não cuidava da página, freqüentemente densa de remendos e repetições. Mestre potencial de um estilo lapidar, cai habitualmente de nível por carência de constância estilística. Moralista que ambicionava ser um imoralista (as duas coisas, porém, podem perfeitamente coexistir, como vemos em Shaw), recusou a caça grossa para atirar ao pombo e, tomado de remorsos ecológicos, substituiu o pombo pelo prato mas (e o exemplo é dele) disparando com chumbo miúdo, para ter a abertura de mira garantida, e acertar mesmo que atirando em direção oposta.

Estelas para Pitigrilli

Dito isto, por que então nos ocuparmos com Pitigrilli? No que me concerne, disse-o no início, era um modo de pôr a nu um dos mistérios de minha infância. Compreender o que havia de proibível no Escritor Proibido. Como vimos, Pitigrilli surge como censurável por aquilo que lhe valeu a aprovação de todos, e absolvível pelo que produziu escândalo. Mas na conclusão deste processo, cumpre-me admitir que o experimento filológico por mim conduzido (li Pitigrilli *todo* vingança quase edípica!) propiciou-me não pouco entretenimento. Se, em sinal de reconhecimento, devesse eu formular uma quitação para Pitigrilli, teria que prefigurar uma situação às avessas, daquelas bem a seu gosto: Pitigrilli seria dignamente conservado para os pósteros se um cataclismo destruísse a quase totalidade de suas obras e deixasse sobreviver páginas escolhidas, algumas novelas, dois ou três romances, *Dolicocéfala*, *Pott*, *Os Vegetarianos* e *A Maravilhosa Aventura*; e também destes perdendo algumas frases, algumas páginas, eliminando repetições excessivas. Permaneceria um estilo: o romance-diálogo, e o diálogo de monólogos, e o monólogo de aforismos. Um ritmo, uma espécie de *jazz* verbal, uma solução construtiva que não me parece ter-se repetido com igual bravura. Permaneceria a antologia de um mestre de frivolidades ideológicas, de indisciplina cultural, de um teatro de *boulevard* que a tradição literária italiana até então desconhecida. Mais próximo de Coco Chanel e Maurice Chevalier que de Wilde, parente de Dekobra e, em certas passagens, de Colette. Justamente expatriado, porque estranho ao gosto nacional, e exatamente por isso apto a ter o êxito que teve, com a condição de permanecer vagamente apólida. E autor, sem sombra de dúvida, de um achado genial: seu *nom de plume*.

AS ESTRUTURAS NARRATIVAS EM FLEMING

Em 1953, Ian Fleming publica o primeiro romance da série *007, Casino Royale*. Obra primeira, não pode ele fugir ao normal jogo das influências literárias e, nos anos cinquenta, quem abandonasse o filão do policial tradicional para passar ao "série amarela" de ação, não podia ignorar a presença de Spillane.

A Spillane *Casino Royale* deve, sem dúvida, pelo menos dois elementos característicos. Antes de mais nada a heroína, Vesper Lynd, que suscita o confiante amor de Bond, revela-se no fim um agente inimigo. Num romance de Spillane caberia ao protagonista matá-la, ao passo que em Fleming a mulher tem o pudor de suicidar-se; mas a reação de Bond ante o fato guarda as características spillanianas da transformação do amor em ódio e da ternura em ferocidade: "Está morta, aquela puta", telefona Bond para a central londrina, e encerra sua jogada afetiva.

Em segundo lugar, Bond vive obcecado por uma imagem: um japonês perito em códigos que ele friamente matou no trigésimo-sexto andar do edifício RCA, no Rockfeller Center, tomando-o como alvo de uma janela do quadragésimo andar do edifício fronteiro. Analogia não casual: Mike Hammer surgia constantemente perseguido pela lembrança de um japonesinho morto na selva durante a guerra, embora com maior participação emotiva (ao passo que o homicídio de Bond, autorizado ministerialmente pelo duplo zero, é mais ascético e burocrático). A lembrança do japonês está na origem da inegável neurose de Mike Hammer (do seu sadomasoquismo e de sua discutível impotência); a lembrança do primeiro homicídio poderia estar na origem da neurose de James Bond, só que, exatamente no âmbito de *Casino Royale*, personagem e autor resolvem o problema por via não terapêutica: isto é, excluindo a neurose do universo dos possíveis narrativos. Decisão que influenciará a estrutura dos futuros onze romances de Fleming e que presumivelmente constitui a base de seu êxito.

Após haver assistido ao estraçalhamento de dois búlgaros que tinham tentado fazê-lo saltar pelos ares, de ter sofrido uma oportuna sevícia nos testículos, presenciado à eliminação de Le Chiffre por obra de um agente soviético, e destes recebido um gilvaz feito com a mão, além de por pouco não haver perdido a mulher amada, Bond, gozando a convalescença dos justos num leito de hospital, conversa com o colega francês Mathis e o faz partilhar de suas perplexidades. Estarão eles combatendo pela causa justa? Le Chiffre, ao financiar as greves comunistas dos trabalhadores franceses, não estaria "cumprindo uma missão maravilhosa, verdadeiramente vital, talvez a melhor e mais alta de todas?" A diferença entre bem e mal será na verdade tão nítida, reconhecível, como quer a hagiografia das contra-espionagens? Nesse instante, Bond está maduro para a crise, para o salutar reconhecimento da ambigüidade universal e enveredaria pelo caminho percorrido pelo protagonista de Le Carré. Mas exatamente no momento em que se interroga sobre o aspecto do diabo e, simpatizando com o Inimigo, dá mostras de reconhecê-lo como "irmão separado", James Bond é salvo por Mathis:

Quando tiver voltado a Londres, descobrirá que existem outros Le Chiffre dispostos a prejudicá-lo, a prejudicar seus amigos e seu país. M falará com você a respeito. E agora que deparou com um homem verdadeiramente mau, e sabe que aspecto pode assumir o mal, sairá no encalço dos maus para destruí-los e ao mesmo tempo proteger os que ama e a você mesmo. Já sabe agora como são feitos e o que podem fazer aos outros... Cerque-se de seres humanos, meu caro James. É mais fácil bater-se por eles do que por princípios.
Mas... não me decepcione tornando-se humano também. Perderíamos uma esplêndida máquina!

Com esta frase lapidar, Fleming define para os romances vindouros a personagem James Bond. De *Casino Royale* lhe ficará a cicatriz na face, o sorriso um pouco cruel, o gosto pela boa mesa, juntamente com uma série de características acessórias meticulosamente inventariadas no curso desse primeiro volume: mas – convencido pelas palavras de Mathis – Bond abandonará os caminhos malseguros da meditação moral e da fúria psicológica – com todos os perigos de neurose que daí poderiam advir. Bond cessa de ser sujeito para psiquiatras e permanece quando muito sujeito para fisiólogos (exceto ao retornar, sujeito dotado de *psiche*, no último e atípico romance da série, *The Man with the Golden Gun*), máquina esplêndida, como querem, com Mathis, o autor e o público. Desse momento em diante Bond não meditará sobre a verdade e a justiça, sobre a vida e a morte, a não ser em raros momentos de tédio, de preferência nos bares dos aeroportos, mas sempre a título de fantasiosidade casual, sem deixar-se conspurcar pela dúvida (pelo menos nos romances, embora se permita algum luxo intimista nas novelas). Vista sob um prisma psicológico é, no mínimo, leviana uma conversão tão súbita, estribada em quatro frases de convenção pronunciadas por Mathis; mas a justificativa para tal conversão não deve em absoluto ser buscada no plano psicológico. Com as últimas páginas de *Casino Royale*, Fleming renuncia de fato à psicologia como motor narrativo e decide transferir caracteres e situações para o nível de uma objetiva e convencionada estratégia estrutural. Sem saber, Fleming faz uma opção familiar a muitas disciplinas contemporâneas: passa do método psicológico para o formal.

Em *Casino Royale* já estão todos os elementos para construir uma máquina que funcione com base em unidades bastante simples, regidas por rigorosas regras de combinação. Essa máquina, que funcionará sem desvios de qualquer espécie nos romances seguintes, constitui a base do êxito da "saga 007", êxito que, singularmente, deveu-se tanto ao consenso das massas quanto ao apreço de leitores mais sofisticados. É a vez agora de examinarmos pormenorazidamente essa máquina narrativa a fim de nela individuarmos as razões de seu bom desempenho. É a vez de elaborarmos uma tabela das estruturas narrativas em Ian Fleming, procurando ao mesmo tempo avaliar, para cada elemento estrutural, sua provável incidência sobre a sensibilidade do leitor. Procuraremos, para tanto, individuar tais estruturas narrativas em três níveis: 1) A oposição dos caracteres e dos valores; 2) As situações de jogo e o enredo como "partida"; 3) A técnica literária.

A pesquisa desenvolve-se no âmbito dos seguintes romances, arrolados por ordem de publicação (as datas de redação provavelmente devam ser antecipadas de um ano): *Casino Royale*, 1953; *Live and Let Die*, 1954; *Moonraker*, 1955; *Diamonds are Forever*, 1956; *From Russia with Love*, 1957; *Dr. No*, 1958; *Goldfinger*, 1959; *Thunderball*, 1961; *On Her Majety's Secret Service*, 1963; *You Only Live Twice*, 1964.

Também nos referiremos às novelas de *For Your Eyes Only*, de 1960 e a *The Man with the Golden Gun*, publicado em 1965*. Não levaremos sequer em consideração *The Spy Who Loved Me*, por nos parecer inteiramente atípico e ocasional.

1. *A Oposição dos Caracteres e dos Valores*

Os romances de Fleming parecem construídos sobre uma série de oposições fixas que permitem um número limitado de permutações e interações. Essas duplas constituem invariáveis em torno das quais giram duplas menores

---

* No Brasil, esses romances receberam os seguintes títulos, pela ordem: *Cassino Royale, Os Outros que se Danem, O Foguete da Morte, Os Diamantes são Eternos, Moscou Contra 007, O Satânico Dr. No, Goldfinger, Chantagem Atômica, A Serviço Secreto de Sua Majestade, Só se Vive Duas Vezes, Para Você Somente, O Revólver Dourado*. (N. da T.)

que por sua vez, de romance para romance, constituem variantes das primeiras.

Aqui individuamos quatorze duplas, quatro das quais opõem quatro caracteres segundo diferentes combinações, ao passo que as outras constituem oposições de valores, diferentemente personalizados pelos quatro caracteres básicos. Essas quatorze duplas são:

a) Bond – M
b) Bond – Vilão
c) Vilão – Mulher
d) Mulher – Bond
e) Mundo Livre – União Soviética
f) Grã-Bretanha – Países não-anglo-saxões
g) Dever – Sacrifício
h) Cobiça – Ideal
i) Amor – Morte
j) Acaso – Programação
l) Fausto – Privação
m) Excepcionalidade – Medida
n) Perversão – Candura
o) Lealdade – Deslealdade

Essas duplas não representam elementos "vagos" mas "simples", isto é, imediatos e universais, sendo que ao reexaminarmos o alcance de cada uma delas perceberemos que as variantes permitidas cobrem uma gama bastante vasta e exaurem todos os achados narrativos de Fleming.

Em Bond-M temos uma relação dominado-dominante que desde o início caracteriza limites e possibilidades da personagem Bond e põe em andamento as peripécias. Quanto à interpretação a dar, em clave psicológica ou psicanalítica, à atitude de Bond em relação a M, esse já é assunto tratado em outros escritos[1]. O fato é que, também em termos de puras funções narrativas, M coloca-se diante de Bond como detentor de uma informação total com respeito aos eventos. Daí sua superioridade sobre o protagonista, que dele depende, que se porta em relação a suas várias tarefas em condição de inferioridade diante da onisciência do chefe. Não é raro o chefe mandar Bond para aventuras cujo

---

1. Kingsley Amis trata do assunto. Ver em Del Buono – Eco, *Il caso Bond* (Bompiani, 1965) e ensaio final de Larua Lilli "James Bond e la critica".

êxito já fora por ele de antemão garantido; Bond age, portanto, como vítima de uma farsa, embora afetuosa – não importando que posteriormente, na verdade, o desenrolar dos fatos supere as tranqüilas previsões de M. A tutela sob a qual M mantém Bond – autoritariamente submetido a visitas médicas, curas naturistas (*Thunderball*), trocas de armamento (*Dr. No*) – torna ainda mais insindicável e majestosa a autoridade do chefe; facilmente, portanto, assomam em M outros valores tais como a religião do Dever, a Pátria (ou a Inglaterra) e o Método (que funciona como elemento de Programação ante a tendência típica de Bond para confiar na improvisação). Se Bond é o herói, e por conseguinte possui qualidades excepcionais, M representa a Medida, entendida como valor nacional. Na realidade Bond não é tão excepcional como uma leitura apressada dos livros (ou a interpretação espetacular dada dos livros pelos filmes) pode sugerir. O próprio Fleming afirma tê-lo pensado como personagem absolutamente comum e é do contraste com M que emerge a real estatura de 007, dotado de excelência física, coragem e prontidão de espírito, sem no entanto possuir nenhuma dessas qualidades em medida excessiva. É antes uma certa força moral, uma obstinada fidelidade à tarefa – ao comando de M, sempre presente como admonição – que lhe permitem superar provas inumanas sem exercitar faculdades sobre-humanas.

A relação Bond-M pressupõe indubitavelmente uma ambivalência afetiva, um amor-ódio recíproco, e isso sem necessidade de recorrer a claves psicológicas. No início de *The Man with the Golden Gun*, Bond, emerso de uma longa amnésia e condicionado pelos soviéticos, tenta uma espécie de parricídio ritual disparando contra M com um revólver carregado de cianureto; o gesto dissolve uma série de tensões narrativas estabelecidas toda vez que M e Bond se haviam encontrado frente a frente.

Despachado por M para a estrada do Dever a qualquer custo, Bond entra em confronto com o Vilão. A oposição põe em jogo diversos valores, alguns dos quais nada mais são do que variantes da dupla caracterológica. Bond representa indubitavelmente Beleza e Virilidade em relação ao Vilão, que, em contrapartida surge como monstruoso e sexualmente inábil. A monstruosidade do Vilão é um ponto constante, mas para sublinhá-lo cumpre aqui introduzirmos uma noção de método igualmente válida para o exame de outras duplas. Entre as variantes devemos considerar também a existência de "papéis vicários"; isto é, existem personagens de segundo plano cuja função só se explica se forem vistas como variação de um dos caracteres principais, do qual "portam" por assim dizer algumas características. Os papéis vicários habitualmente funcionam para a Mulher e para o Vilão; mais brandamente para M, embora como "vicários" de M devam ser interpretados certos colaboradores ocasionais de Bond, por exemplo Mathis, de *Casino Royale*, portadores de valores pertencentes a M, como o chamamento ao Dever e ao Método.

Quanto às epifanias do Vilão, arrolamos pela ordem. Em *Casino Royale*, Le Chiffre é pálido, glabro, tem os cabelos vermelhos cortados à escovinha, boca quase feminina, dentes postiços de alto preço, orelhas pequenas com lobos largos, mãos peludas; nunca ri. Em *Live*, Mr. Big, haitiano negro, tem a cabeça semelhante a uma bola de futebol, de tamanho duas vezes maior que o normal e absolutamente esférica: "a cor da pele parecia de um negro acinzentado, o rosto era inchado e lustroso como o de um corpo que houvesse ficado dentro do rio durante uma semana. Não tinha cabelo, a não ser um tufo grisalho acima das orelhas. Nada de cílios nem sobrancelhas, e os olhos extraordinariamente distantes um do outro, de modo a não se poder olhar os dois ao mesmo tempo, mas só um de cada vez... Eram olhos de animal, não tinham expressão humana e pareciam lançar chamas". Gengivas anêmicas à mostra.

Em *Diamonds* o Vilão cinde-se em três figuras vicárias. Em primeiro lugar, Jack e Seraffimo Spang dos quais o primeiro é corcunda e ruivo ("Bond ... não se lembrava de alguma vez ter visto um corcunda de cabelos vermelhos"), tem olhos que parecem tomados de empréstimo a um empalhador, orelhas de lobos desproporcionados, lábios vermelhos e secos, e uma quase total ausência de pescoço. Já Seraffimo tem rosto cor de marfim, sobrancelhas negras e hirsutas, cabelos híspidos à escovinha, maxilares "salientes e cruéis" acrescente-se que costuma passar os dias numa

Spectreville tipo velho-oeste, ataviado com calções de couro preto listrados de prata, esporas de prata, pistolas com coronha de marfim, cinturão preto munido de cartucheira carregada, e guia um trem modelo 1870, decorado num vitoriano de technicolor — e o quadro está completo. A terceira figura vicária é daquele senhor Winter que viaja com uma carteira de couro onde se lê o seguinte aviso: "Meu grupo sangüíneo é F", e que na realidade é um *killer* a soldo dos Spang; indivíduo grande e suado, com uma verruga na mão, rosto flácido e olhos salientes.

Em *Moonraker*, Hugo Drax tem um e oitenta de altura, ombros "excepcionalmente largos"; a cabeça é grande e quadrada, os cabelos vermelhos, o lado direito do rosto lustroso e refranzido por uma plástica mal sucedida, o olho direito diferente do esquerdo, maior por uma contração da pele das pálpebras, "penosamente avermelhado"; tem espessos bigodes arruivados, suíças que avançam até os lobos das orelhas, com alguns tufos a mais sobre os zigomas; os bigodes ainda lhe escondem mas com pouco êxito, a mandíbula saliente e os dentes superiores incrivelmente saltados, o dorso das mãos é recoberto de uma espessa lanugem arruivada — no conjunto a personagem é um retrato acabado de diretor de circo.

Em *From Russia*, o Vilão dá origem a três figuras vicárias: Red Grant, o assassino profissional contratado pelo Smersh, de curtos cílios cor de areia, olhos azuis, descorados e opacos, boca pequena e cruel, inúmeras sardas na pele de um branco leitoso com poros fundos e espaçados; o coronel Grubozaboyschikov, chefe do Smersh, de rosto estreito terminado em ponta, olhos redondos como duas bolinhas luminosas, amodorrados debaixo de duas bolsas pesadas e flácidas, a boca larga e sinistra, o crânio rapado; e por fim Rosa Klebb, de lábios úmidos e pálidos, manchados de nicotina, a voz rouca, chata e desprovida de emotividade, um metro e sessenta de altura, total ausência de curvas, braços gorduchos, pescoço curto, tornozelos excessivamente grossos, cabelos grisalhos apanhados num coque apertado e "obsceno", os "lúcidos olhos de um castanho desbotado", lentes grossas, nariz arrebitado, branco de pó-de-arroz e com narinas largas, "o úmido antro da boca que se mantinha num contínuo abre-e-fecha, como que manobrado por um sistema de fios", a aparência complexa de um ser sexualmente neutro. Em *From Russia* verifica-se também uma variante que poucas vezes tornaremos a encontrar nos demais romances: entra de fato em cena um ser fortemente caracterizado, com muitas das qualidades morais do Vilão, só que as usa para fins positivos ou, de qualquer maneira, luta ao lado de Bond. Pode representar uma certa Perversão e é, sem sombra de dúvida, portador de excepcionalidade, mas de qualquer forma está sempre sobre a vertente da Lealdade. Em *From Russia* é o caso de Darko Kerim, o agente turco. Análogos a ele serão o chefe da espionagem japonesa em *You Only Live Twice*, Tiger Tanaka; Draco em *On Her Majesty*; Enrico Colombo em "Perigo" (uma novela de *For Your Eyes Only*), e – parcialmente – Quarrel em *Dr. No*. Essas personagens são ao mesmo tempo vicárias do Vilão e de M e nós as chamaremos de "vicários ambíguos". Com eles Bond está sempre numa espécie de aliança competitiva: a um só tempo ama-os e teme-os, usa-os e admira-os, domina-os e deles é súcubo.

Em *Dr. No* o Vilão, além da altura descomunal, é caracterizado pela ausência de mãos, substituídas por duas pinças de metal. A cabeça raspada tem o aspecto de uma gota d'água invertida, a pele é translúcida, sem rugas, as bochechas semelham marfim velho, as sobrancelhas parecem pintadas, os olhos são desprovidos de cílios, lembram "duas pequenas bocas negras", o nariz é magro e termina muito perto da boca, desenhada pela crueldade e a determinação.

Em *Goldfinger* a personagem homônima é, de alto a baixo, um monstro de manual: o que o caracteriza é a absoluta falta de proporções; "era baixo, não superando talvez o metro e meio e, encimando o corpo, atarracado e pesado, plantado sobre duas grossas pernas de camponês, a cabeçorra redonda encaixava-se entre os ombros. Dava a impressão de ter sido formado com pedaços tirados de outras pessoas. As várias partes do corpo não concordavam entre si." Decididamente é "um baixote mal feito, de cabelos vermelhos e cara bizarra". Sua figura vicária é a do coreano Oddjob, com os dedos das mãos em forma de espadela, de pontas lustrosas como se fossem de ouro, que pode despedaçar o balaústre de madeira de uma escada com um golpe de caratê.

Em *Thunderball* comparece pela primeira vez Ernst Stavro Blofeld, que iremos encontrar novamente em *On Her Majesty* e *You Only Live Twice*, onde finalmente morre. Como suas encarnações vicárias, que lhe compensarão a morte, temos em *Thunderball* o conde Lippe e Emilio Largo; ambos são belos e gentis, apesar de vulgares e cruéis, e sua monstruosidade é apenas interior. Em *On Her Majesty* aparece Irma Blunt, a alma danada de Blofeld, repelente reencarnação de Rosa Klebb, além de uma série de *vilains* de acompanhamento, que perecem tragicamente, uns esmagados por avalancha, outros por trem; no terceiro livro o papel original é retomado e levado a termo pelo monstro Blofeld, já descrito em *Thunderball*: dois olhos semelhantes a dois charcos profundos, circundados, "como os olhos de Mussolini", por duas escleróticas de um branco puríssimo, de uma simetria que lembra olhos de boneca, lembrança que os cílios negros e sedosos de tipo feminino reforçam; dois olhos puros sobre um rosto de tipo infantil, marcados por uma boca úmida e vermelha "como ferida mal cicatrizada", sob um nariz grosseiro; no conjunto uma expressão de hipocrisia, tirania e crueldade "de nível shakespeareano"; cento e vinte quilos de peso; como será especificado em *On Her Majesty*, Blofeld não tem os lobos das orelhas. Os cabelos são cortados à escovinha. Esta singular unidade fisionômica de todos os Vilões de plantão confere certa unidade à relação Bond-Vilão, especialmente se acrescentarmos que, via de regra, o vilão é também diferenciado por uma série de características raciais e biográficas.

O Vilão nasce numa área étnica que se estende da Mitteleuropa aos países eslavos e à bacia mediterrânica; via de regra tem sangue misto e suas origens são complexas e obscuras; é assexuado ou homossexual, ou mesmo não sexualmente normal; dotado de excepcionais qualidades inventivas e organizativas, desenvolveu por conta própria uma intensa atividade que lhe permite usufruir de imensa fortuna e graças à qual trabalha pró-Rússia; para tal fim concebe um plano com características e dimensões de ficção-científica, estudado nos mínimos pormenores, armado para pôr em sérias dificuldades ou a Inglaterra ou o Mundo Livre em geral. Na figura do Vilão acirram-se de fato os valores negativos que identificamos em algumas duplas de oposições, particularmente nos pólos União Soviética e países não-anglo-saxões (a condenação racista atinge particularmente judeus, alemães, eslavos e italianos, sempre vistos como metecos): a Cobiça elevada a dignidade paranóica, a Programação como metodologia tecnologizada, o Fausto satrápico, a Excepcionalidade física e psíquica, a Perversão física e moral, a Deslealdade radical.

Na verdade Le Chiffre, que articula o subvencionamento dos movimentos subversivos na França, deriva de uma "mescla de raças mediterrânicas com ascendentes prussianos e polacos" e possui sangue judeu, revelado pelas "orelhas pequenas de lobos carnudos". Jogador não desleal, trai no entanto seus próprios patrões e esforça-se em recuperar por meios criminosos o dinheiro perdido no jogo; é masoquista (pelo menos assim o proclama a ficha do Serviço Secreto) ainda que heterossexual; implantou uma grande cadeia de casas de tolerância, mas dilapidou o patrimônio em vultosas despesas com um padrão de vida elevado.

Mister Big é negro, mantém com Solitaire uma relação ambígua de desfrute (jamais lhe obteve os favores), ajuda os soviéticos graças à sua poderosa organização criminal fundada no culto vodu, procura e vende nos Estados Unidos tesouros ocultos do século XVII, controla vários *rackets* e prepara-se para arruinar a economia norte-americana com a imissão, no mercado clandestino, de fortes quantidades de moedas raras.

Hugo Drax ostenta uma nacionalidade imprecisa – é inglês de adoção – mas na verdade é alemão; detém o controle sobre a columbita, material indispensável à construção dos reatores, e doa à Coroa Britânica a construção de um foguete possantíssimo; na verdade projeta fazer o foguete cair, com sua ogiva atômica, sobre Londres, e depois fugir para a Rússia (equação comunismo-nazismo); freqüenta clubes de alto nível, é apaixonado por bridge, mas só sente prazer quando trapaceia; seu histerismo não deixa suspeitar atividades sexuais dignas de nota.

Das personagens vicárias de *From Russia*, os cabeças são os soviéticos, e obviamente, do trabalho em prol da causa comunista, extraem eles comodidades e poder; Rosa Klebb, sexualmente neutra, "podia gozar fisicamente com o ato, sem que o instrumento tivesse qualquer importância"; quanto a Red Grant é um lobisomem e mata por prazer; vive esplendidamente a expensas do governo soviético numa "vila" com piscina. O plano de ficção-científica consiste em atrair Bond para uma armadilha complexa, usando como isca uma mulher e um aparelho para a codificação e descodificação das cifrantes, e depois matá-lo e colocar em xeque a contra-espionagem inglesa.

O Doutor No é um mestiço sino-germânico, trabalha para a Rússia, não demonstra tendências sexuais definidas (tendo nas mãos Honeychile, planeja vê-la dilacerada pelos caranguejos de Crab Key), vive de uma florescente indústria do guano e consegue desviar da rota os mísseis teleguiados lançados pelos norte-americanos. No passado edificou sua fortuna fraudando as organizações criminais das quais fora eleito tesoureiro. Vive, em sua ilha, num palácio de luxo fabuloso, espécie de aquário artificial. Goldfinger é de provável origem báltica, mas também tem sangue judeu; vive esplendidamente do comércio e do contrabando de ouro, graças ao qual financia movimentos comunistas na Europa; planeja o furto do ouro de Fort Knox (não a radioativização, como mentirosamente nos afirma o filme) e obtém, para fazer saltar as últimas barreiras, uma bomba atômica tática roubada dos recintos da Nato; tenta envenenar a água de Fort Knox com sistemas industriais; não mantém relações sexuais com a jovem que tiraniza, limitando-se a recobri-la de ouro. Trapaceia no jogo por vocação, valendo-se de custosos inventos, como o óculo de alcance e o rádio; trapaceia para ganhar dinheiro, embora seja podre de rico e sempre viaje com uma consistente reserva de ouro na bagagem. Quanto a Bofeld, é de pai polaco e mãe grega; aproveita-se de suas qualificações de empregado nos telégrafos para iniciar na Polônia um conspículo comércio de informações secretas; torna-se chefe da mais vasta organização independente de espionagem, chantagem, seqüestros e extorsão. Na verdade, com Blofeld, a Rússia deixa de ser o inimigo constante – decorrência da distensão internacional da época – e o papel de organização maléfica é assumido pela Spectre. A Spectre tem, contudo, todas as características do Smersh, inclusive o emprego de elementos eslavo-latino-alemães, os métodos de tortura e eliminação dos traidores, a inimizade jurada às potências do Mundo Livre. Dos planos de ficção-científica de Blofeld, o de *Thunderball* consiste em subtrair à Nato duas bombas atômicas e com elas chantagear a Inglaterra e os Estados Unidos; o de *On Her Majesty* prevê o adestramento, numa clínica de montanha, de moças do campo alérgicas para condicioná-las a difundirem vírus mortais destinados a arruinarem o patrimônio agrícola e zootécnico do Reino Unido; o de *You Only*, última etapa da carreira de Blofeld, agora já na senda da loucura sanguinária, reduz-se – em escala política mais modesta – ao preparo mirabolante de um jardim dos suicidas, que atrai, próximo das costas nipônicas, legiões de herdeiros dos camicazes desejosos de se envenenarem com plantas exóticas, refinadíssimas e letais, com grande dano para o conjunto do patrimônio humano japonês democrático. A tendência de Blofeld para o fausto satrápico já se manifesta no padrão de vida assumido na montanha em Pizzo Gloria, e mais especificamente na ilha de Kiuchu, onde vive como tirano medieval e passeia pelo seu *hortus deliciarum* envergando uma armadura de ferro. Já antes disso Blofeld se revelara cobiçoso de honras (aspirava ser reconhecido como Conde de Bleuville), é mestre em programação, gênio da organização, desleal a mais não poder, sexualmente inábil – vive maritalmente com Irma Blofeld, também ela assexuada e até repugnante; para repetirmos as palavras de Tiger Tanaka, Blofeld "é um demônio que tomou aparência humana".

Só os vilões de *Diamonds* não têm colusões com a Rússia. Num certo sentido a internacional gangsterista dos Spang surge como uma prefiguração da Spectre. No mais, Jack e Seraffimo possuem as características canônicas.

Às qualidades típicas do Vilão opõem-se as respostas de Bond, em particular a Lealdade ao Serviço, a Medida anglo-saxônica oposta à Excepcionalidade do mestiço, a escolha da Privação e a aceitação do Sacrifício contra o Fausto ostentado pelo inimigo, o golpe de gênio (Acaso) oposto à fria Programação, aliás por ele devidamente desmantelada, o senso do Ideal oposto à Cobiça (Bond em diversas ocasiões vence no jogo ao Vilão, mas via de regra entrega a enorme soma ganha ou ao Serviço ou à "mocinha" de plantão, como acontece com Jill Masterson; e mesmo quando fica com o dinheiro nunca faz dele um fim primeiro). No entanto algumas oposições axiológicas funcionam não apenas na relação Bond-Vilão, mas também dentro do comportamento do próprio Bond: assim, Bond é, via de regra, leal, mas não desdenha de vencer o inimigo em jogo desleal, trapaceando com o trapaceiros, chantageando-o (cf. *Moonraker* e *Goldfinger*). Também Excepcionalidade e Medida, Acaso e Programação opõem-se nos gestos e decisões do próprio Bond, numa dialética entre observância do método e lances de inteligência, e é exatamente essa dialética que torna fascinante a personagem, que vence exatamente porque não é absolutamente perfeita (como seriam, ao contrário, M ou o Vilão). Dever e Sacrifício surgem como elementos de luta interior toda vez que Bond sabe que terá que frustrar o plano do Vilão com risco da própria vida, e nessas ocasiões o ideal patriótico (Grã-Bretanha e Mundo Livre) leva a melhor. Também entra em jogo a exigência racista de demonstrar a superioridade do homem britânico. Em Bond, opõem-se também Fausto (gosto pelos pratos requintados, esmero no vestir, procura da hotelaria suntuosa, amor às salas de jogo, invenção de coquetéis etc.) e Privação (Bond sempre está pronto a abandonar o Fausto, mesmo quando este assume o aspecto da Mulher que se oferece, para enfrentar uma nova situação de Privação, cujo ponto máximo é a tortura).

Alongamo-nos sobre a dupla Bond-Vilão porque de fato nela se acirram todas as posições arroladas, inclusive o jogo entre Amor e Morte, que na forma primordial de uma oposição entre Eros e Tânatos, princípio de prazer e princípio de realidade, manifesta-se no momento da tortura (em *Casino Royale* explicitamente teorizada como uma espécie de relação erótica entre torturador e torturado).

Essa oposição aperfeiçoa-se na relação entre Vilão e Mulher. Vesper é tiranizada e chantageada pelos soviéticos, e depois por Le Chiffre; Solitaire é súcuba do Big Man. Tiffany Case é dominada pelos Spang; Tatiana é súcuba de Rosa Klebb e do governo soviético em geral; Jill e Tilly Masterson são dominadas, em diferentes medidas, por Goldfinger, e Pussy Galore trabalha sob as ordens deste: Domino Vitali sujeita-se às vontades de Blofeld através da relação física com a figura vicária de Emilio Largo; as jovens inglesas hóspedes de Pizzo Gloria estão sob o controle hipnótico de Blofeld e a vigilância virginal da vicária Irma Blunt; já Honeychile mantém uma relação apenas simbólica com o poder do Dr. No, perambulando pura e inexperiente pelas margens de sua ilha maldita, só que no fim o Dr. No oferece o corpo nu da jovem aos caranguejos (Honeychile foi dominada pelo Vilão através da obra vicária do brutal Mander que a violou, e com toda justiça puniu Mander matando-o com um escorpião, antecipando-se, na vingança, a No que recorre ao caranguejo); e por fim Kissy Suzuki, que vive em sua ilha à sombra do castelo maldito de Blofeld, e a ele se sujeita como a um domínio puramente alegórico, compartilhado por toda a população do lugar. A meio caminho está Gala Brand, que é agente do Serviço, mas ao tornar-se secretária de Hugo Drax e com ele estabelece uma relação de submissão. Na maioria dos casos essa relação é aperfeiçoada pela tortura, que a mulher sofre juntamente com Bond. Aqui a dupla Amor-Morte funciona também no sentido de uma união erótica mais íntima dos dois através da prova comum.

Dominada pelo Vilão, a mulher de Fleming já está praticamente preconcidionada à sujeição, tendo a vida assumido o papel vicário do vilão. O esquema comum a todas é: 1) a jovem, é bela e bondosa; 2) tornou-se frígida e infeliz pelas duras provas por que passou na adolescência; 3) isso a condicionou ao serviço do vilão; 4) através do encontro com Bond, realiza-se em toda a sua plenitude humana; 5) Bond possui-a mas no final a perde.

Esse currículo é comum a Vesper, Solitaire, Tiffany, Tatiana, Honeychile, Domino; mais explícito no tocante a Gala, equânimemente distribuído pelas tres mulheres vicárias de Goldfinger (Jill, Tilly e Pussy — as duas primeiras tiveram um passado doloroso, mas só a terceira foi violada pelo tio; Bond possui a primeira e a terceira, a segunda é assassinada pelo Vilão, a primeira torturada com ouro, a segunda e a terceira são lésbicas e Bond redime apenas a terceira; e assim por diante); mais difuso e incerto no tocante ao grupo de moças de Pizzo Gloria – todas elas tiveram um passado infeliz mas Bond possui de fato apenas uma delas (casa-se paralelamente com Tracy, cujo passado infeliz é obra de uma série de vicários menores;e além do mais é dominada pelo pai, Draco, vicário ambíguo, e por fim morta por Blofeld que nesse momento concretiza seu domínio sobre ela e faz terminar, com a Morte, a relação de Amor que ela mantinha com Bond). Kissy Suzuki foi infelicitada por uma experiência hollywoodiana que a tornou cautelosa em relação à vida e aos homens.

De qualquer maneira, Bond perde cada uma dessas mulheres, por vontade própria ou por alheia (no caso de Gala é a mulher que se casa com outro, se bem que contra a vontade), ou no final do romance ou no começo do seguinte (como acontece com Tiffany Case). Assim, no momento em que a Mulher resolve a oposição com o Vilão para entrar com Bond numa relação de purificador-purificada, salvador-salva, volta a submeter-se ao domínio do negativo. Nela por longo tempo confrontou-se a dupla Perversão-Candura (às vezes externa, como na relação Rosa Klebb-Tatiana), que a torna parente próxima a virgem perseguida de richardsoniana memória, portadora de pureza através e apesar da lama, e mesmo contra ela; tem exemplar para uma ocorrência de amplexo-tortura, ela surgiria como a resolutora do contraste entre raça eleita e mestiço não-anglo-saxão, visto que amiúde pertence à faixa étnica inferior; mas, como a relação erótica sempre se conclui com uma forma real ou simbólica de morte, Bond, queira ou não, reencontra sua pureza de anglo-saxão celibatário. A raça permanece incontaminada.

2. *As Situações de Jogo e o Enredo como "Partida"*

As várias duplas de oposições (e suas possíveis variantes, das quais apenas algumas foram por nós examinadas) surgem como os elementos de uma *ars combinatoria* de regras bastante elementares. É claro que no confronto dos dois pólos de cada dupla observam-se, no curso do romance, soluções alternativas; o leitor não sabe se naquele ponto do acontecimento é Bond quem derrota o Vilão ou se é o Vilão quem derrota Bond, e assim por diante. A informação nasce da escolha. Mas dentro do âmbito limitado do livro a álgebra deve resolver-se segundo um *código prefixado*: como na morra chinesa, que 007 e Tanaka jogam no começo de *You Only*, mão vence punho, punho vence dois dedos, dois dedos vence mão. M vence Bond, Bond vence Vilão, Vilão vence Mulher, embora antes Bond vença Mulher; Mundo Livre vence União Soviética, Inglaterra vence Países impuros, Morte vence Amor, Medida vence Excepcionalidade e assim por diante.

Essa interpretação do enredo em termos de jogo não é casual. Os livros de Fleming são dominados por algumas situações-chave que chamaremos "situações de jogo". Surgem aí, antes de mais nada, algumas situações arquétipos, como a Viagem ou a Refeição: a Viagem pode ser de Carro (e aqui intervém uma rica simbologia do automóvel, típica do nosso século), de Trem (outro arquétipo, desta vez de tipo oitocentista), de Avião ou de Navio. Mas percebe-se que comumente uma refeição, uma perseguição de carro ou uma doida corrida de trem são sempre jogadas sob forma de desafio, de partida. Bond dispõe a escolha das iguarias como se dispõem as peças de um puzzle, apronta-se para a refeição com a mesma escrupulosa metodicidade com que se apronta para uma partida de bridge (veja-se a convergência, numa relação meios-fim, dos dois elementos em *Moonraker*) e entende a refeição como fator lúdico. Da mesma forma trem e carro são os elementos de uma aposta feita com o adversário: antes que a viagem acabe, um dos dois terá terminado seus lances e dado xeque-mate.

A essa altura é inútil lembrarmos a preeminência assumida, em todos os livros pelas situações de jogo, no sentido literal do jogo de azar convencional. Bond joga sempre, vencendo, com o Vilão ou com uma figura vicária. A minúcia com que são descritas essas partidas será objeto de outras considerações no parágrafo que dedicaremos às técnicas literárias; diga-se de passagem que se as partidas ocupam um espaço tão preeminente é porque se constituem como modelos reduzidos e formalizados da situação de jogo mais geral, que é o romance. O romance, dadas as regras de combinação das duplas oposicionais, estabelece-se como uma seqüência de "movimentos" inspirados no código, e constitui-se segundo um esquema perfeitamente predeterminado.

O esquema invariante é o seguinte:

A. M joga e dá tarefa a Bond
B. Vilão joga e aparece a Bond (eventualmente de forma vicária)
C. Bond joga e dá o primeiro xeque a Vilão – ou então é o Vilão quem primeiro coloca Bond em xeque
D. Mulher joga e apresenta-se a Bond
E. Bond come Mulher: possui-a ou inicia o processo de sedução
F. Vilão captura Bond (com ou sem Mulher, ou em diferentes momentos)
G. Vilão tortura Bond (com ou sem Mulher)
H. Bond vence Vilão (mata-o, ou mata-lhe o vicário, ou assiste à sua eliminação)
I. Bond convalescente relaciona-se com Mulher, que em seguida perderá

O esquema é invariante no sentido de que todos os elementos sempre estão presentes em cada um dos romances (de tal forma que se poderia afirmar que a regra do jogo fundamental é "Bond joga e dá mate em oito lances" – mas, através da ambivalência Amor-Morte, num certo sentido "Vilão responde e dá mate em oito lances"). Não que os lances devam sempre obedecer à mesma seqüência. Uma minuciosa esquematização dos dez romances aqui examinados indicaria alguns como construídos segundo o esquema ABCDEFGHI (por exemplo: *Dr. No*), mas mais amiúde deparamos com inversões e iterações de vários tipos. Às vezes Bond encontra-se com o vilão no começo do livro e já o põe em xeque, e só depois recebe a tarefa de M: é o caso de *Goldfinger*, que apresenta um esquema de tipo BCDEACDFGDHEHI, onde se podem notar lances repetidos, como dois encontros e duas partidas jogadas com o Vilão, duas seduções e três encontros com mulheres, uma primeira fuga do vilão depois da derrota e sua morte subseqüente, etcétera. Em *From Rússia*, a comitiva dos vilões prolifera, graças também à presença do vicário-ambíguo Kerim, em luta com um vicário-vilão, Krilenku, e ao duplo duelo mortal de Bond com Red Grant e Rosa Klebb, que é presa, mas só depois de haver ferido Bond mortalmente; de modo que o esquema, complicadíssimo, é BBBBDA (BBC) EFGHGH (I): onde se assiste a um longo prólogo na Rússia com o desfile dos vilões-vicários e uma primeira relação entre Tatiana e Rosa Klebb, o envio de Bond à Turquia, um longo parêntese em que aparecem os vicários Kerim e Krilenku com a derrota deste último; a sedução de Tatiana, a fuga de trem com a tortura suportada vicariamente por Kerim, em seguida assassinado, a vitória sobre Red Grant, o segundo *round* com Rosa Klebb, que, momento em que é derrotada, inflige lesões mortais a Bond. Bond consuma no trem e durante os últimos movimentos a convalescença de amor com Tatiana, prevendo a separação.

Mesmo o conceito básico de tortura sofre variações, e às vezes consiste numa vexação direta, às vezes numa espécie de percurso do horror a que Bond é submetido, seja por explícita vontade do Vilão (*Dr. No*) seja ocasionalmente para fugir do Vilão, mas sempre em conseqüência dos movimentos deste (percurso trágico na neve, perseguição, avalancha, fuga exaustiva pelos vilarejos suíços em *On Her Majesty*).

Ao lado da seqüência dos lances fundamentais dispõem-se, porém, numerosos lances laterais, que enriquecem de escolhas imprevistas a ocorrência, sem contudo alterarem o esquema básico. No intuito de darmos uma representação gráfica desse procedimento, poderíamos assim resumir a trama de um romance, por exemplo *Diamonds Are Forever*, representando à esquerda a seqüência dos lances fundamentais, e à direita o multiplicar-se dos lances laterais:

	Longo e curioso prólogo que disserta sobre o contrabando dos diamantes na África do Sul.
Lance (A) M envia Bond aos Estados Unidos como falso contrabandista. (B) Os Vilões (os Spang) surgem indiretamente, na descrição deles feita a Bond. (D) A Mulher (Tiffany Case) encontra-se com Bond na qualidade de trâmite.	

	Minuciosa viagem de avião: se fundo dois vilões vicários. *Situação de jogo,* duelo imperceptível presa-caçadores.
(B) Primeira aparição em avião do vilão-vicário Winter (Grupo sanguíneo F).	
(B) Encontro com Jack Spang.	
	Encontro com Felix Leiter que atualiza Bond a respeito dos Spang.
(E) Bond inicia a sedução de Tiffany.	
	Longo entreato em Saratoga, nas corridas. Ao ajudar Leiter, Bond efetivamente prejudicou os Spang.
(C) Bond dá primeiro xeque ao Vilão.	
	Aparição de vilões-vicários na sala de banho de lama e punição ao jóquei traidor, antecipação simbólica da tortura em Bond. Todo o episódio de Saratoga constitui uma minuciosa *situação de jogo.*
(B) Aparecimento de Seraffimo Spang.	
	Outra longa e minuciosa *situação de jogo.* Partida com Tiffany como Crupiê. Jogo na mesa, duelo amoroso indireto com a mulher, jogo indireto com Seraffimo. Bond ganha dinheiro.
(C) Pela segunda vez Bond põe o Vilão em xeque.	
	Na noite seguinte, longe tiroteio entre automóveis. Sodalício Born-Ernie Cureo.
(F) Spang captura Bond.	Longa descrição Spedtreville e trem-brinquedo de Spang.
(G) Spang manda torturar Bond.	Com a ajuda de Tiffany, Bond inicia fantástica fuga em cima da vagonete ferroviária através do deserto, perseguido pela locomotiva-brinquedo guiada por Seraffimo. *Situação de jogo.*
(H) Bond vence Seraffimo que, em cima de uma locomotiva, arrebenta-se de encontro à montanha	
	Repouso com o amigo Leiter, partida de navio, longa convalescença amorosa com Tiffany, entre trocas de telegramas cifrados.

(E) Bond finalmente possui Tiffany.

(B) Reaparece o Vilão vicário Winter.

Situação de jogo no navio. Partida mortal jogada com movimentos infinitesimais entre os dois *killera* e Bond. A situação de jogo é simbolizada pelo modelo reduzido do mastro sobre a rota do navio.
Os dois *killers* capturam Tiffany. Acrobática ação de Bond para chegar até a cabina da moça e matar os *killers*.

(H) Bond vence definitivamente os vilões-vicários.

Meditação sobre a morte diante dos dois cadáveres. Volta para casa.

(I) Bond sabe que poderá gozar do merecido repouso junto a Tiffany. Porém...

... desvio da peripécia para a África do Sul onde Bond destrói o último elo da cadeia.

(H) Bond derrota pela terceira vez o Vilão, na pessoa de Jack Spang.

Esquema semelhante seria possível traçar para cada um dos dez romances. As invenções colaterais são bastante ricas e formam a musculatura do esqueleto narrativo individuado; constituem sem sombra de dúvida um dos maiores fascínios da obra de Fleming, mas só aparentemente funcionam como testemunho de sua inventividade. Como veremos em seguida, é fácil reportarmos as invenções colaterais a fontes literárias precisas, e conseqüentemente elas funcionam como chamada familiar para situações romanescas aceitáveis pelo leitor. A trama propriamente dita permanece imutável e o *suspense* curiosamente se estabelece com base numa seqüência de eventos totalmente previstos.

Em suma, a trama de *cada um* dos livros de Fleming, *grosso modo*, é esta: Bond é enviado a um dado lugar para desvendar um plano tipo "ficção-científica" de um indivíduo monstruoso de origens incertas e, em todo caso, não-inglês, que, valendo-se de uma atividade organizativa ou produtiva própria, não só ganha dinheiro como faz o jogo dos inimigos do Ocidente. Ao defrontar-se com esse ser monstruoso, Bond encontra uma mulher por ele dominada e a liberta do seu passado, com ela estabelecendo uma relação erótica, interrompida por sua captura pelo vilão, e pela tortura. Mas Bond derrota o vilão, que morre horrivelmente, e descansa das pesadas fadigas entre os braços da mulher, embora esteja destinado a perdê-la.

Caberia perguntarmos como pode funcionar desse modo uma máquina narrativa que deveria responder a uma demanda de sensações e surpresas imprevisíveis. Na realidade (como já apontamos alhures)[2], o típico do romance policial, seja ele de investigação ou de ação, não está tanto na variação dos fatos quanto no retorno de um esquema habitual onde o leitor possa reconhecer algo já visto e a que se havia afeiçoado. Sob aparência de uma máquina que produz informação, o romance policial é, pelo contrário, uma máquina que produz redundância; fingindo abalar o leitor, na realidade ele o reconfirma numa espécie de preguiça imaginativa, e produz evasão não por narrar o desconhecido mas o já-conhecido. Enquanto no romance policial pré-Fleming o esquema imutável é constituído pela personalidade do policial e do seu *entourage*, pelo seu método de trabalho e pelos seus tiques, e é no interior desse esquema que se desenrolam eventos de quando em quando imprevistos (e imprevista ao máximo será a figura do culpado), no romance de Fleming o esquema atinge a própria cadeia dos eventos e os próprios caracteres das personagens secundárias; e antes de tudo, o que em Fleming se conhece desde o início é exatamente o culpado, com suas características e seus planos. O prazer do leitor consiste em estar metido num jogo do qual conhece as peças e as regras – e até o resultado – delei-

---

2. V. em *Apocalípticos e Integrados* (São Paulo, Perspectiva, 1968) o capítulo "O Mito do Superman".

tando-se simplesmente com acompanhar as variações mínimas através das quais o vencedor atinge o seu objetivo.

Poderíamos comparar um romance de Fleming a uma partida de futebol, de que se conhece previamente o ambiente, o número e a personalidade dos jogadores, as regras do jogo, o fato de que tudo praticamente se desenvolverá dentro da área do gramado; salvo que numa partida de futebol, até o fim, permanece ignorada a informação última: quem vencerá? Mais exato seria, no entanto, compararmos esses livros a uma partida de bola-ao-cesto jogada pelos Harlem Globetrotters contra um pequeno time do interior. Já se sabe com absoluta segurança que aqueles vencerão e com base em que regras: o prazer consistirá então em ver com que achados virtuosísticos os Globetrotters protelarão o momento final, com que engenhosos desvios de certo modo reconfirmarão a previsão última, com que malabarismos darão um baile no adversário. Nos romances de Fleming celebra-se, portanto, em medida exemplar, aquele elemento de jogo previsto e de redundância absoluta, típico das máquinas evasivas que funcionam no âmbito das comunicações de massa. Perfeitas em seu mecanismo, tais máquinas representam estruturas narrativas que trabalham sobre conteúdos óbvios e que não aspiram a declarações ideológicas particulares. O fato é que, porém, tais estruturas conotam inevitavelmente posições ideológicas e que essas posições ideológicas não derivam tanto dos conteúdos estruturais quanto do modo de estruturar narrativamente os conteúdos.

3. *Uma Ideologia Maniquéia*

Os romances de Fleming foram acusados de muita coisa, de meccartismo, de fascismo, de culto da exceção e da violência, de racismo, e assim por diante. Difícil, após a análise que desenvolvemos, será sustentar que Fleming não induzam a julgar o homem britânico superior às raças orientais ou mediterrânicas, ou sustentar que Fleming não professe um anticomunismo visceral. Todavia é significativo que cesse de identificar o mal com a Rússia tão logo a situação internacional torna a Rússia menos temível *segundo o senso comum*; significativo que, enquanto apresenta a *gang* negra de Mister Big, aprofunde-se num reconhecimento das novas raças africanas e de sua contribuição à civilização contemporânea (o gangsterismo negro representaria uma comprovação da perfeição alcançada em todos os campos pelos povos de cor); significativo que a suspeita de sangue judeu, levantada em relação a certas personagens, seja temperada por uma nota de dúvida. Seja ao reprovar ou ao absolver as raças inferiores, Fleming nunca ultrapassa o brando chauvinismo do homem comum. Daí porque surge a suspeita de que o nosso autor não caracterize deste ou daquele jeito as suas personagens em decorrência de uma decisão ideológica e sim por pura exigência retórica.

Entende-se aqui retórica no sentido original que lhe foi conferido por Aristóteles: arte do persuadir que deve apoiar-se, para implantar raciocínios confiáveis, nos *endoxa*, isto é, em coisas que a maioria das pessoas pensam.

Fleming pretende, com o cinismo do cavalheiro desencantado, construir uma máquina narrativa que funcione. Para tanto, decide recorrer às chamadas mais seguras e universais, e põe em jogo *elementos-arquétipos*, os mesmos que lograram êxito nas fábulas tradicionais. Reconsideremos um momento as duplas de caracteres que entram em oposição: M é o Rei e Bond o Cavaleiro encarregado de uma missão; Bond é o Cavaleiro e o Vilão é o Dragão; Mulher e Vilão estão como a Bela para a Fera; Bond, que leva a Mulher de volta à plenitude do espírito e dos sentidos, é o Príncipe que desperta a Bela Adormecida; entre Mundo Livre e União Soviética, Inglaterra e países não-anglo-saxões repropõe-se a relação épica primitiva entre Raça Eleita e Raça Inferior, entre Branco e Negro, Bem e Mal.

Fleming é racista no sentido em que o é cada ilustrador que, para representar o diabo, desenha-o com olhos oblíquos; no sentido em que o é a babá que, ao evocar uma assombração, fala em cara preta.

É singular que Fleming seja anticomunista com a mesma indiferença com que é antinazista e anti-alemão. Não que num caso seja ele reacionário e no outro, democrata. Ele é simplesmente maniqueu por razões operacionais.

Fleming busca oposições elementares; para dar um rosto às forças primevas e universais recorre a clichês. Para identificar os clichês apóia-se na opinião comum. Em período de tensão internacional torna-se clichê o comunista mau assim como – agora historicamente adquirido – se tornou clichê o criminoso nazista impune. Fleming emprega-os a ambos com a máxima indiferença.

Quando muito, tempera sua escolha com a ironia, só que a ironia vem inteiramente mascarada, revelando-se apenas através da incredibilidade do exagero. Em *From Russia* os seus soviéticos são tão monstruosamente, tão inverossimilmente maus que parece impossível levá-los a sério. E todavia Fleming antepõe ao livro um breve prefácio onde explica que todas as atrocidades narradas são absolutamente verdadeiras. Escolheu o caminho da fábula, que exige ser consumida como verossímil, do contrário se torna apólogo satírico. O autor quase parece escrever seus livros para uma dupla leitura, destinando-os seja a quem os tomará por ouro em pó, seja a quem deles saberá sorrir. Mas a condição para que funcionem de modo tão ambíguo, é que o tom seja autêntico, confiável, ingênuo, limpidamente truculento. Um homem que realiza tal escolha não é nem fascista nem racista: é apenas um cínico, um engenheiro da narrativa de consumo.

Fleming não é – se for – reacionário pelo fato de preencher o esquema "mal" com um russo ou com um judeu. É reacionário porque procede por esquemas. A esquematização, a bipartição maniquéia, é sempre dogmática, intolerante; democrata é quem rejeita os esquemas e reconhece as esfumaturas, as diferenciações, justifica as contradições. Fleming é reacionário como é reacionária, na raiz, a fábula, qualquer fábula; é o ancestral e dogmático conservadorismo estático das fábulas e dos mitos que transmitem uma sapiência elementar, construída e comunicada por um simples jogo de luz e sombra, e a transmitem por imagens indiscutíveis, que não permitem a distinção crítica. Se Fleming é "fascista", é porque é típica do fascismo a incapacidade de passar da mitologia à razão, a tendência para governar manipulando mitos e fetiches.

Dessa natureza participam os próprios nomes dos protagonistas, que revelam numa imagem ou num trocadilho o caráter da personagem, de modo imutável desde o início, sem possibilidade de conversões ou de mudanças (impossível alguém chamar-se Branca de Neve e não ser branca como a neve, no rosto como na alma). O vilão vive do jogo? Seu nome será *Le Chiffre*. Está a serviço dos vermelhos? Seu nome será *Red*, e *Grant* se a personagem trabalha por dinheiro, devidamente subvencionada. Um coreano *killer* de profissão, mas usando de meios inconsuetos, será *Oddjob* ("trabalho incomum"), um obcecado pelo ouro – *Auric Goldfinger*, sem insistirmos no simbolismo de um vilão chamado *No*; até a cara cortada pela metade de *Hugo Drax* será evocada pela incisividade onomatopaica do cognome. Bela e transparente, telepata, *Solitaire* evocará a frieza do diamante; elegantíssima e interessada em diamantes, *Tiffany Case* lembrará o mais famoso joalheiro novaiorquino e o *beauty case* das modelos. A ingenuidade patenteia-se no próprio nome de *Honeychile*, o despudor sensual no de *Pussy* (referência anatômica em *slang*) *Galore* (outro termo *slang* para sugerir "bem centrado"). Peão de um jogo tenebroso, eis *Domino*; terna amante japonesa, quintessência do Oriente, eis *Kissy Suzuki* (será ocasional a referência ao cognome do mais popular divulgador da espiritualidade Zen?). Inútil falarmos de mulheres de menor interesse como *Mary Goodnight* ou *Miss Trueblood*. E se o nome de Bond foi escolhido, como afirma Fleming, quase ao acaso, para dar à personagem uma aparência absolutamente comum, será então por acaso, mas a justo título, que esse modelo de estilo e sucesso evoca não só a refinada Bond Street como até os bônus do tesouro.

A essa altura está claro como os romances de Fleming puderam alcançar um êxito tão difundido: eles po m em movimento uma rede de associações elementaresm, apelam para uma dinâmica originária e profunda. E delicia-se o leitor sofisticado que neles individua, com uma ponta de comprazimento estético, a pureza da época primitiva, despudorada e maliciosamente traduzida em termos atuais; e aplaude em Fleming o homem culto, reconhece-o como um dos seus, evidentemente mais hábil e desabusado.

Loas que Fleming poderia merecer se – ao lado do patente jogo das oposições-arquétipos – não se desenvolvesse um segundo, indiscutivelmente mais dissimulado: o jogo das oposições estilístico-culturais, em virtude das quais, o leitor sofisticado, que por individuar o mecanismo fabulístico se sentia maliciosamente cúmplice do autor, passa agora a vítima: porque é induzido a vislumbrar invenção estilística onde não há mais que – como se dirá – uma hábil montagem do *déjà vu*.

4. *As Técnicas Literárias*

Fleming "escreve bem": no sentido mais banal mas honesto do termo. Tem ritmo, limpeza, certo gosto sensual pela palavra. Isso não quer dizer que Fleming seja um artista; escreve com arte.

A tradução pode traí-lo. Iniciar *Goldfinger* com "James Bond estava sentado na sala de espera do aeroporto de Miami. Já bebera dois bourbon duplos e agora meditava sobre a vida e sobre a morte", não equivale a:

"James Bond, with two double bourbon inside him, sat in the final departure lounge of Miami Airport and thought about life and death".

A frase inglesa torneia-se num movimento único, dotada de uma *concinnitas* própria. Nada a acrescentar. Fleming procede dentro desse padrão.

Narra histórias truculentas e inverossímeis. Mas há modo e modo. Em *One Lonely Night*, Mickey Spillane assim descrevia uma chacina perpetrada por Mike Hammer:

"Ouviram meu berro e o estrépito ensurdecedor da metralha, sentiram os projéteis arrebentando-lhes os esses, incerando-lhes as carnes, a foi tudo. Caíram por terra no instante em que tentavam fugir. Vi a cabeça do general estourar literalmente e transformar-se numa chave de estilhaços rubros que formam cair em meio à imundície do pavimento. Meu amigo da cabina do metrô tentou deter os projéteis com as mãos e dissolveu-se num pesadelo de furos azulados..."

Quando em *Casino Royale* Fleming precisa descrever a morte de Le Chiffre, não há dúvida que nos encontramos diante de uma técnica mais apurada:

Foi um "puff" mais agudo, não muito mais forte que o ruído produzido por uma bolha de ar ao sair de um tipo de detifrício. Nenhum outro barulho, e subitamente abriu-se na testa de Le Chiffre um terceiro olho, no nível dos outros dois, exatamente onde seu grande nariz começava a ressaltar da testa. Era um pequeno olho preto, sem cílios nem sombrancelhas. Por um átimo os trens olhos fixaram o aposento; em seguida o rosto de Le Chiffre afrouxou e os dois olhos laterais lentamente se voltaram para o teto.

Há mais pudor, mais silêncio, se compararmos com a mal-educada tempestade de Spillane; mas há também um gosto mais barroco pela imagem, e que à imagem tudo reduz, sem emoções de glosa, e um emprego de palavras que "nomeiam" as coisas com exatidão.

Não que Fleming renuncie à explosão à *grand guignol,* no que, aliás, é exímio, disseminando-a em seus romances; mas quando orquestra o macabro em tela panorâmica, também aí revela seus venenos literários numa quantidade imensamente superior a Spillane.

Veja-se a morte de Mister Big em *Live and Let Die*: Bond e Solitaire, ligados por um longo cabo ao navio do bandido, foram arrastados a reboque para serem despedaçados contra os recifes coralíferos da baía; mas finalmente a embarcação, prudentemente minada por Bond algumas horas antes, salta pelo ares, e as duas vítimas, agora salvas, assistem ao mísero fim de Mister Big, náufrago e devorado pelas barracudas:

Era uma grande cabeça maciça com um véu de sangue a escorrer-lhe pelo rosto de uma larga ferida no crânio... Bond podia ver-lhe os dentes que os lábios estirados num ricto agônico deixavam descobertos. O sangue ofuscava aqueles olhos que Bond sabia esbugalhados. Podia com a imaginação ouvir aquele grande coração doente a bater apressado sob a pele acinzentada... Mister Big avançava. Os ombros estavam nus, as roupas tinham sido estraçalhadas pela explosão, mas ainda trazia a gravata de seda preta em torno do grosso pescoço flutuando por trás da cabeça como rabicho de chinês. Uma pequena onda tirou-lhe um pouco do sangue dos olhos. Arragalados, fitavam Bond coim umbrilho de loucura. Nenhum pedido de socorro: estavam fixos e loucos. Agora chegara a quase uma dezena de metros eBond fixou seus olhos no dele, mas estes fecharam-se de súbito, enquantoo grande rosto se contorcia num espasmo. 'Aaahhh', estertorou a boca retorcida. As duas mãos cessaram de bater na água, a cabeça fundou e depois voltou a emergir. Uma nuvem de sangue escureceu a água. Dois vultos sombrios de quatro ou cinco metros de comprimento surgiram de sob a nuvem de sangue e nela mergulharam novamente. O corpo na água virou-se sore um flanco. Metade do braço direito daquele homenzarrão aflorou na água. Estava sem mão, sem pulso, sem relógio. Mas a grande, imensa cabeça, de boca escancarada mostrando os dentes alvos, ainda estava viva... Depois a cabeça reapareceu sobre a água. A boca cerrara-se. Os olhos amarelos pareciam ainda olhar para Bond. O focinho do tubarão aflorou novamente e arremeteu na direção da cabeça, mandíbulas escancaradas. Ouviu-se um horrível crepitar enquanto os maxilares tornavam a fechar-se, e uma grande agitação de águas. E silêncio.

Nesse desfile de horripilâncias, são indubitáveis as ascendências oitocentistas e setecentistas: a carnificina final, precedida por torturas e detenções penosas (melhor ainda se com uma virgem de tempero), é *gothic* de primeira água. A página registrada é um compacto: a agonia de Mister Big é um pouco mais longa; assim também o Monge, de Lewis, agonizava dias a fio com o corpo dilacerado pelos despenhadeiros inóspitos. Mas o horripilante gótico de Fleming é descrito com precisão fisiológica, enfileirando imagens, e o mais das vezes, imagens de *coisas*. A falta do relógio num pulso abocanhado pelos esqualos não é só um exemplo de macabro sarcasmo: é um fitar o essencial através do inessencial, típico de uma narrativa *coisal*, de uma técnica do olhar de marca contemporânea.

E aqui captamos uma nova oposição que rege não mais a estrutura da desencantadas.

Surpreende, com efeito, em fleming a minuciosa e ociosa determinação com que conduz por páginas e páginas descrições de objetos, paisagens e gestos aparentemente inessenciais ao curso da peripécia; e de contrapartida a furibunda telegraficidade com que liquida em poucos parágrafos as ações mais inopinadas e improváveis. Exemplo típico podem ser, em *Goldfinger*, as duas longas páginas dedicadas a uma casual meditação sobre um mexicano assassinado, as quinze páginas dedicadas à partida de golfe, as perto de vinte e cinco ocupadas por uma longa corrida de carro através da França, diante das quatro ou cinco páginas em que é resolvida a chegada a Fort Knox com um falso trem-hospital e o lance teatral que culmina com a falência do plano de Goldfinger e a morte de Tilly Masterson.

Em *Thunderball*, um quarto do livro é ocupado pela descrição das curas naturistas a que Bond se submete na clínica, sem que os fatos ocorridos no local justifiquem aquele alongar-se sobre a composição de refeições dietéticas, a técnica das massagens e os banhos turcos: mas talvez o trecho mais desconcertante seja aquele em que Domino Vitali, depois de ter contado sua vida a Bond, no bar do Casino, leva cinco páginas para descrever, com exatidão robbe-grilletiana, a caixa de cigarros Player's. Tem-se aqui algo mais do que nos apresentam as trinta páginas empregadas em *Moonraker* para narrar os preparativos e o desenvolvimento da partida de bridge com Sir Hugo Drax. Ali ao menos se estabelecia um *suspense*, indubitavelmente magistral, mesmo para quem não conhecesse as regras do bridge; aqui, ao contrário, a passagem é interlocutória e de maneira alguma parece necessário caracterizar o espírito *rêveur* de Domino representando com tamanha riqueza de matizes esta sua tendência para o fenomenologia sem objetivo.

Mas "sem objetivo" é a palavra exata. É sem um objetivo que *Diamonds Are Forever,* para introduzir-nos no contrabando de diamantes na África do Sul, abre com a epifania de um escorpião que age como que dentro do círculo de uma lente, macroscópico como um ser pré-histórico, protagonista de uma peripécia de vida e morte em nível animal, interrompida por um ser humano que aparece de improviso, esmaga o escorpião, e dá início à ação, como se tudo o que aconteceu antes não representasse senão o letreiro de apresentação, paginado por um gráfico refinado, de um filme que depois continua em outro estilo.

E mais representativo ainda dessa técnica do olhar sem objetivo é o início de *From Russia,* onde temos uma página inteira de "quase" *nouveau roman,* de virtuosística exercitação sobre o corpo, em imobilidade cadavérica, de um homem estendido à beira de uma piscina, explorado poro a poro, pelo a pelo, por uma libélula azul e verde. E enquanto já pesa sobre a cena o sutil indício de morte que o autor tão habilmente evocou, eis que o homem se mexe e enxota a libélula. O homem mexe-se porque está vivo, e está se preparando para ser massageado. Que, estendido no chão, parecesse morto, nenhuma importancia tem para os fins da narração que se segue. Continuamente abundam em Fleming trechos como esse de alto virtuosismo, que simulam uma técnica da visão e um gosto do inessencial, e que o mecanismo narrativo da peripécia não só não pede, mas até rejeita. Quando a estória precisa ser levada aos nós fundamentais (aos "movimentos" básicos arrolados nos parágrafos precedentes) a técnica do olhar é definitivamente abondonada; Robbe-Grillet é substituído por Souvestre e Alain, o mundo objetual cede o posto a Fantômas.

Acontece, o bastante, que os momentos da reflexão descritiva, particularmente atraentes porque sustentados por uma língua polida e eficaz, sustentam os polos do Fausto e da Programação, ao passo que os da ação inconsulta exprimem os momentos da Privação e da Álea. Assim a oposição entre as duas técnicas (ou a técnica dessa oposição estilística) não é casual. Se o fosse, a técnica de Fleming, que interrompe o *suspense* de uma ação tensa e grávida, como um desfile de mergulhadores rumo a um desafio mortal, para deter-se a descrever a fauna submarina a uma conformação coralífera, seria semelhante à ingênua técnica de Salgari, raiz de sequóia para descrever-nos a origem, as propriedades e a distribuição das sequóias no continente norte-americano.

Em Fleming, ao contrário, a digressão, ao invés de assumir o aspecto de um verbete de Larousse mal colocado, adquire um duplo relevo: em primeiro lugar, raramente é descrição do inusual – como acontecia em Salgari, ou em Verne – mas *descrição do já conhecido*; em segundo lugar, intervém não como informação enciclopédica, mas como *sugestão literária*, e nessa qualidade pretende "nobilitar" o fato narrado.

Examinemos esses dois pontos, porque eles revelam a alma secreta da máquina estilística de Fleming.

Fleming jamais descreve a sequóia, que o leitor nunca teve a oportunidade de ver. Descreve uma partida de canastra, um automóvel de série, o painel de um aeroplano, o vagão de um trem, o cardápio de um restaurante, a caixa de uma marca de cigarros comprável em qualquer tabacaria. Em poucas palavras Fleming liquida um assalto a Fort Knox; e derrama-se a explicar o gosto com que se pode manobrar um volante de carro ou uma alavanca de voo, poque esses são gestos que cada um de nós já fez, poderia fazer, ou desejaria fazer. Fleming alonga-se em passar-nos o *déjà vu* com uma técnica fotográfica, porque é sobre *déjà vu* que pode solicitar nessas capacidades de identificação. Identificarmo-nos nao com quem rouba um bomba atômica mas com quem guia um iate de luxo; não com quem faz explodir um foguete mnnas com quem realiza uma longa descidas de esqui; não com quem contrabandeia diamantes mas com quem ordena um jantar num restaurante de Paris. Nossa atenção é solicitada, abrandada, orientada para o campo das coisas possíveis e desejáveis. Aqui a narração torna-se realista, a atenção maníaca; para o resto, que pertence ao inverossímil, bastam poucas páginas, e uma implícita piscada de olho. Ninguém é obrigado a acreditar.

Mais uma vez, o prazer da leitura não decorre do incrível e do novo, mas óbvio e do consueto. É inegável que Fleming emprega, na evocação do óbvio, uma estratégia de classe rara; mas o que essa estratégia nos faz amar está na ordem do redundante, não do informativo. A linguagem realiza aqui a mesma operação da tramna. O máximo prazer não deve nascer da excitação, mas do repouso.

Dissemos a seguir qeu a descrição meticulosa jamais constitui informação enciclopédica mas evocação literária. Indubitavelmente, se um mergulhador nada para a morte e eu vejo acima dele um mar leitoso e calmo, e vagas sombras de peixes fosforescentes que o talham, esse seu gesto inscreve-se numa moldura de natureza explêndida e eterna, ambígua e indiferente, que evoca em mim um certo contraste moral e profundo. Amplifique-se o momento da natureza apática e faustosa, e o jogo está feito. De hábito a imprensa, quando um mergulhador é devorado por um tubarão, noticia o fato e ponto final, pois então bastará que alguém acompanhe essa morte com três páginas de fenomenologia do coral para termos Literatura?

Esse jogo, não novo, de uma cultura de transferência, identificada sucessivamente como Midcult ou como Kitsch[3] que aqui encontra uma de suas manifestações mais eficazes – diríamos a menos irritante, pela desenvoltura e pela bravura com que a operação é efetuada; não só que o artifício, no caso, pode levar à celebração de Fleming não como o perspicaz elaborador de estórias digressivas, mas como um fenômeno de invenção estilística.

Às vezes, o jogo do Midcult em Fleming é aberto (ainda que não menos eficaz). Bond entra na cabina de Tiffany e

3. V. em *Apocalípticos e Integrados* (op. cit) o capítulo "A Estrutura do Mau Gosto".

dispara a arma sobre os dois *killers*. Mata-os, conforta a moça aterrorizada, e prepara-se para sair:

Teria enfim podido dormir com o corpo de Tiffany apertado ao seu, para sempre.
Para sempre?
Enquanto lentamente se aprontava, junto à porta do banheiro, Bond deparou com o olhar vítreo do corpo sobre o pavimento.
E os olhos do homem cujo grupo sanguíneo fora F falaram-lhe e disseram: 'Amigo. Nada é para sempre. Só a morte resiste. Nada é para sempre, a não ser o que tu me fizeste.

As frases curtas, escandidas em freqüentes reinícios de parágrafo como versos, a indicação do homem através do *leitmotiv* do seu grupo sangüíneo; a prosopopéia bíblica dos olhos que falam e "dizem"; a meditação rápida e solene sobre o fato – diga-se de passagem, bastante óbvio – de quem está morto permanece morto... Todo o arsenal de um "universal" fajuto, que MacDonald já individuava no último Hemingway. E não obstante Fleming ainda estaria autorizado a evocar o espectro da morte através de recursos tão "sindicalmente" literários se apenas e tão-somente a repentina meditação sobre o eterno se revestisse de pelo menos uma mínima função voltada para o desenvolvimento da ação. O que fará agora James Bond, agora que foi acariciado pelo calafrio do irreversível? Não fará absolutamente nada. Passará por cima do cadáver e irá para a cama com Tiffany.

5. *Literatura como Colagem*

Por conseguinte Fleming, inocentando-se como reassumido vivente das contradições de uma cultura de consumo nos seus vários níveis, organiza tramas elementares e violentas, armadas sobre oposições fabulísticas, com uma técnica do romance "de massa"; descreve amiúde mulheres e poentes, fundos marinhos e automóveis, com uma técnica literária de transferências, que com bastante freqüência passa rente ao Kitsch e às vezes nele cai em cheio; dosa sua atenção narrativa com uma montagem instável, alternando o *grand guignol* com o *nouveau roman*, num tamanho desabuso de polimático que o faz digno de incluir-se, bem ou mal, se não entre os inventores, pelo menos entre os mais hábeis utilizadores de um arsenal experimental.

É bastante difícil, quando se lêem esses romances para além da adesão, imediata e divertida ao efeito primário que pretendem despertar, compreendermos até que ponto Fleming finge literatura para fingir que faz literatura e até que ponto utiliza fragmentos de literatura com o gosto cínico e escarnecedor do *collage*.

Fleming é mais culto do que deixa escrever. O capítulo 19 de *Casino Royale* começa assim: "Quando se sonha que está sonhando é sinal que o despertar está próximo": o que é uma noção bem conhecida, mas também uma frase de Novalis. É difícil, acompanhando o longo conciliábulo dos diabólicos soviéticos que projetam a danação de Bond nos cápitulos iniciais de *From Russia* (e Bond entrará em cena, ignaro, somente na segunda parte), não pensarmos num "prólogo do inferno" de goethiana memória.

Quando muito nos é permitido pensar que tais influências, boas leituras de cavalheiro abonado, tivessem trabalhado na memória do autor sem emergirem à consciência. Provavelmente Fleming permanecia ligado a um mundo oitocentista, do qualsua ideologia militarista e nacionalista, seu colonialismo racista, seu isolacionismo vitoriano, são heranças absolutamente evidentes. Seu gosto de viajante pelos grandes hotéis e trens de luxo, é ainda puro *belle époque*. O próprio arquétipo do trem, da vaigem a bordo do Orient-Express (onde amor e morte nos aguardam), provém da grande e da pequena literatura romântica e pós-romântica, de Tolstoi, passando por Dekobra, e chegando a Cendrars. Suas mulheres, com já foi dito, são clarisse richardsonianas e correspondem ao arquétipo evidenciado por Fiedler[4]. Mas há mais, há e gosto do exotismo, que não é contemporâneo, embora àquelas ilhas de sonho, sempre todos cheguem a bordo de jatos. Em *You Only Live Twice*, temos um jardim dos suplícios demasiado afim com o de Mirbeau e onde as plantas são descritas com uma minúcia arrolatória que subentende algo parecido com

---

4. V. *Amore e morte mella letteratura americana*, Milão, Longanesi, 1964.

o *Traité des poisons* de Orfila, provavelmente haurido com a mediação do Hysmans de *Lás-bas*. Mas *You Only Live Twice*, em sua exaltação exotista (três quartos do livro são dedicados a uma iniciação quase mística do Oriente), em seu operar com citações de antigos poetas, lembra também a curiosidade mórbida com que nos convidava à descoberta da China Judith Gauthier, em 1869, com *Le dragon imperial*. E se a aproximação pode parecer peregrina, muito bem, lembremos ao menos quen Ko-Li-Tsin, o poeta revolucionário, foge das prisões de Pequim agarrado a uma grande águia e Bond foge do infame castelo de Blofeld agarrado a um balão (que o levará para alto mar, de onde, desmemoriado, será recolhido pelas doces mãos de Kissy Suzuki). É verdade que Bond se agarra ao balão lembrando-se de ter visto Douglas Fairbanks fazer o mesmo, mas não há dúvida que Fleming é mais culto que sua personagem.

Não se trata de brincar de analogias, e sugerir na atmosfera ambígua e doentia de Pizzo Gloria um eco da montanha mágica. Os sanatórios ficam em montanhas e nas montanhas faz frio. Não se trata de ver em Honeychile, quen aparece a bond por entre a espuma do mar, como uma Anadiomene, a "moça-passarinho" de Joyce. Duas pernas nuas banhadas pelas ondas em toda a parte são semelhantes. Mas às vezes as analogias não dizem respeito à simples atmosfera psicológica, são analogias estruturais. Pode assim acontecer que uma das novelas de *For Your Eyes Only*, "Quantum of solace", apresente Bond sentado no divã de *chiantz* do governador das Bahamas, ouvindo-o contar, depois de longos e labirínticos preâmbulos, numa atmosfera de rarefeito desconforto, a longa e aparentemente inconsistente estória de uma mulher adúltera e um marido vingativo; estória sem sangue e sem lances teatrais, estória de fatos íntimos e privados, depois da qual, porém, Bond se sente estranhamente perturbado, e tende a ver sua perigosa atividade como infinitamente menos romanesca e intensa doque certas existências secretas e banais. Ora, a estrutura dessa novela, a técnica de descrição e introdução das personagens, a desproporção entre os preâmbulos e a inconsistência da estória, e entre esta e o efeito que produz, lembram estranhamente o andamento costumeiro de muitas novelas de Barbey d'Aurevilly.

E poderíamos ainda lembrar que a idéia de um corpo humano recoberto de ouro aparece em Demetrio Merezkowski (só que nesse caso o culpado não é Goldfinger mas Leonardo da Vinci).

É possível que as leituras de Fleming não fossem tão variadas e sofisticadas, e nesse caso só nos restaria admitir que, ligado por educação e estrutura psicológica a um mundo de ontem, tenha dele mimado soluções e gestos sem dar por isso, reinventando estilemas que sentira no ar. Mas mais admissível é que, com o mesmo cinismo operativo com que estruturara segundo oposições arquetípicas as suas tramas, tenha ele decidido que os caminhos do imaginário, para o leitor do nosso século, podiam voltar a ser os do grande folhetim oitocentista; que diante da caseira normalidade, não digo de Hercule Porot, mas dos próprios Sam Spade e Michael Shayne, sacerdotes de uma violência urbana e previsível, urgia resolicitar a fantasia com o arsenal que tornara célebres Rocambole e Rouletabille, Fantômas e Fu Manchu. Talvez tenha ido mais fundo, às raízes cultas do romanticismo truculento, e daí até suas mais mórbidas filiações. Uma antologia de caracteres e situações extraída de seus romances surgiria aos nossos olhos como um capítulo de *A Carne, a Morte e o Diabo*, de Praz.

A começar por seus vilões, cujas fulgências avermelhadas do olhar aliadas aos lúbios pálidos lembram o arquétipo mariniano de Satã, do qual nasce Milton, do qual surge a geração romântica dos tenebrosos: "Negli occhi ove mestizia alberga e morte – luce fiammeggia *torbida e vermiglia*. – Gli *aguardi obliqui* e le *pupille torte* – sembran comete e lampade le ciglia. – e Da le nari e da *le labbra smorte*...* Só que em Fleming afetuou-se uma incônscia dissociação, e as

---

* Numa tentativa de tradução, onde apenas ritmo e sentido foram preservados:
"Nos olhos onde tristeza alberga, e morte,
flameja-lhe uma luz turva e vermelha.
Olhar oblíquo e pupilas tortas
lembram cometas, lâmpadas as celhas.
E das narinas e do lábio exangues..." (N. da T.)

características do belo tenebroso, fascinante e cruel, sensual e desapiedado, subdividiram-se entre a figura do Vilão e a de Bond.

Nesses dois caracteres achamos distribuídos os traços de Schedoné de Radcliffe e do Ambrosio de Lewis, do Corsário e do Giaour de Byron; amar e sofrer é a fatalidade que persegue Bond como persegue o René de Chateaubriand, "tudo nele tornava-se fatal, até a própria felicidade" – mas é o Vilão que, como René, "lançado no mundo como uma imensa desgraça, sua perniciosa influência estendia-se aos seres que o rodeavam".

O Vilão, que à malvadeza alia um fascínio de grande condutor de homens, é o Vampiro, e do Vampiro de Marimée, Blofeld possui quase todas a características ("Quem poderia evitar o fascínio de seu olhar?... Sua boca sangra e sorri como a de um homem adormecido e atormentado por amor odiento"); a filosofia de Blofeld, em especial a que ele prega no jardim dos suplícios de *You Only Live Twice*, é do mais puro Divin Marchese, provavelmente assimilado em língua inglesa através de Maturin, em *Melmoth*; "É até possível alguém tornar-se diletante apreciador de sofrimentos. Ouvi contar de homens que fizeram viagens e países onde se podia diariamente assistir a horríveis execuções, para experimentarem aquela excitação que a vista dos sofrimentos jamais deixa de proporcionar..." E um pequeno tratado de sadismo é a exposição dos prazeres que Red Grant haure do assassínio. Só que tanto Red Grant quando Blofeld (pelo menos quando no último livro este pratica o mal não mais por interesse, mas por pura crueldade) são apresentados como casos patológicos; é natural, o século exige suas adaptações, Freud e Krafft-Ebing não passaram em vão.

Inútil determo-nos no gosto da tortura, a não ser para lembrarmos as páginas dos *Journaux intimes*, onde Baudelaire dela comenta o potencial erótico; e talvez inútil, enfim, remetermos o modelo de Goldfinger, Blofeld, Mister Big e Doctor No ao dos vários Super-homens da literatura maior e de folhetim. Não esqueçamos, porém, que Bond também, deles todos, "porta" de qualquer maneira algumas características, e bastante oportuno será remetermos as várias descrições fisionômicas do herói – seu sorriso cruel, o rosto duro e belo, o gilvaz que lhe atravessa a face, a mecha de cabelo rebelde caída sobre a testa, o gosto pelo luxo – a esta reevocação do herói byroniano confeccionada por Paul Féval para *Les Mystères de Londres:*

> Era um homem de aproximadamente trinta anos, pelo menos na aparência, alto de estatura, elegante e aristocrático... O rosto, esse era de notável beleza: a testa alta, ampla e sem rugas, mas atravessada de alto a baixo por uma ligeira cicatriz quase imperceptível... Não se podia ver-lhe os olhos; mas debaixo da pálpebras cerradas, adivinhava-se a potência deles... As jovens viam-no em sonhos com o olhar pensativo, a fronte devastada, um nariz de águia e um sorriso infernal, mas divino... Era um homem todo sensações, capaz a um só tempo do bem e do mal: generoso de caráter, francamente entusiasta por natureza, mas egoísta eventualmente; frio por cálculo, capaz de vender o universo por um quarto de hora de prazer... A Europa inteira admirava suas magnificências orientais; o universo, enfim, sabia que ele gastava quatro milhões a cada *saison*...

O paralelo é perturbador, mas não requer o controle filológico; o protótipo acha-se disseminado em centenas de páginas de uma literatura de primeira e de segunda mão e enfim todo um filão de decadentismo britânico podia oferecer a Fleming a glorificação do anjo caído, do monstro torturador, do vice *angalis*; Wilde, a dois passos dele, acessível a qualquer cavalheiro bem-nascido, estava pronto a propor-lhe em seguida a cabeça do Batista, degolada sobre um prato, como modelo para a grande cabeça cinzenta de Mister Big aflorando nas águas. Quanto a Solitaire, que a ele se enga, excitando-o, no trem, é o próprio Fleming que adota, até como título de capítulo, o apelativo de "allumeuse": protótipo que alternadamente aparece em D'Aurevilly, na princesa d'Este de Péladan, na Clara de Mirbeay e na *Modene des sleepings* de Dekobra.

Só que para a mulher, como vimos, Fleming não pode aceitar o arquétipo decadente da *belle dame sans merci*, pouco consoante com um ideal moderno de feminilidade, e o ajusta ao modelo da virgem perseguida. E também aqui parece que teve presente a receita irônica dada no século passado por Louis Reybaud aos escritores de *feuilletons* – não que não tivesse Fleming espírito suficiente para por si só inventá-la e redescobri-la: "Tomem, por exemplo, ó senhoras, uma jovem mulher, infeliz e perseguida. Acrescentem um tirano sanguinário e brutal... etc., etc."

Em tal caso, Fleming teria efetuado uma operação calculada e remunerativa, de um lado, mas também sse teria abandonado ao sentimento nostálgico da evocação. O que explicaria esse gosto por um collage literário meio irônico e meio apaixonado, equilibrado entre jogo e memória. Assim como é a um tempo jogo e nostalgia a ideologia vitoriana, o sentimento anacrônico de uma britanicidade eleita e incontaminada, oposta à desordem das raças impuras.

Visto que não é aqui nosso intento realizar uma interpretação psicológica do homem Fleming, mas uma análise sobre a estrutura dos seus textos, a *contaminatio* entre resíduo literário e crônica brutal, entre oitocentos e ficção científica, entre excitação aventurosa e hipnose coisal, todos esses elementos surgem aos nossos olhos como os componentes instáveis de uma construção por momentos fascinante; que amiúde vive exatamente graças a essa bricolagem hipócrita, e que por vezes mascara essa sua natureza de *ready made* para oferecer-se como invenção literária. Na medida em que permite uma leitura cúmplice e atenta, a obra de Fleming representa uma bem sucedida máquina evasiva, efeito de alto artesanato narrativo; na medida em que provoca em alguns o calafrio da emoção poética privilegiada, é uma enésima manifestação do Kitsch; na medida em que desencadeia, em muitos, mecanismos psicológicos elementares, de onde esteja ausente o distanciamento irônico, é apenas uma operação mais sutil mas nem por isso menos mistificante de indústrias da evasão.

Ainda uma vez: uma mensagem só se conclui realmente numa recepção concreta e situacionada que a qualifique. Quando um ato de comunicação desencadeia um fenômeno de costume, as verificações definitivas deverão ser feitas não no âmbito do livro, mas da sociedade que o lê.

CRÍTICA LITERÁRIA NA PERSPECTIVA

TEXTO/CONTEXTO – Anatol Rosenfeld (D007)
KAFKA: PRÓ E CONTRA – Günther Anders (D012)
A ARTE NO HORIZONTE DO PROVÁVEL – Haroldo de Campos (D016)
O DORSO DO TIGRE – Benedito Nunes (D017)
CRÍTICA E VERDADE – Roland Barthes (D024)
SIGNOS EM ROTAÇÃO – Octavio Paz (D048)
AS FORMAS DO FALSO – Walnice N. Galvão (D051)
FIGURAS – Gérard Genette (D057)
FORMALISMO E FUTURISMO – Krystyna Pomorska (D060)
O ESCORPIÃO ENCALACRADO – Davi Arrigucci Junior (D078)
O CAMINHO CRÍTICO – Northrop Frye (D079)
ALENÇA DA CRÍTICA – Leyla Perrone Moisés (D081)
OS SIGNOS E A CRÍTICA – Cesare Segre (D083)
FÓRMULA E FÁBULA – Willi Bolle (D086)
AS PALAVRAS SOB AS PALAVRAS – J. Starobinski (D097)
METÁFORA E MONTAGEM – Modesto Carone (D102)
REPERTÓRIO – Michel Butor (D103)
VALISE DE CRONÓPIO – Julio Cortázar (D104)
A METÁFORA CRÍTICA – João Alexandre Barbosa (D105)
ENSAIOS CRÍTICOS E FILOSÓFICOS – Ramón Xirau (D107)
ESCRITO SOBRE UM CORPO – Severo Sarduy (D122)
O DISCURSO ENGENHOSO – Antonio José Saraiva (D124)
CONJUNÇÕES E DISJUNÇÕES – Octavio Paz (D130)
A OPERAÇÃO DO TEXTO – Haroldo de Campos (D134)
POESIA-EXPERIÊNCIA – Mario Faustino (D136)
BORGES: UMA POÉTICA DA LEITURA – Emir Rodríguez Monegal (D140)
COBRA DE VIDRO – Sérgio Buarque de Holanda (D156)
O REALISMO MARAVILHOSO – Irlemar Chiampi (D160)
TENTATIVAS DE MOTILOGIA – Sérgio Buarque de Holanda (D161)
O LÍRICO E O TRÁGICO EM LEOPARDI – Helena Parente Cunha (D171)
MITO E HERÓI NO MODERNO TEATRO BRASILEIRO – Anatol Rosenfeld (D179)
POESIA COM COISAS – Marta Peixoto (D181)
A NARRATIVA DE HUGO DE CARVALHO RAMOS – Albertina Vicentini (D196)
AS ILUSÕES DA MODERNIDADE – João Alexandre Barbosa (D198)
O HETEROTEXTO PESSOANO – José Augusto Seabra (D204)

- O MENINO NA LITERATURA BRASILEIRA – Vânia Maria Resende (D207)
- A VORAGEM DO OLHAR – Regina Lúcia Pontieri (D214)
- GUIMARÃES ROSA: AS PARAGENS MÁGICAS – Irene J. Gilberto Simô (D216)
- BORGES & GUIMARÃES – Vera Mascarenhas de Campos (D218)
- A LINGUAGEM LIBERADA – Kathrin Holzermayr Rosenfield (D221)
- COLÔMBIA ESPELHO AMÉRICA – Edvaldo Pereira Lima (D222)
- TUTAMÉIA: ENGENHO E ARTE – Vera Novis (D223)
- ANALOGIA DO DISSIMILAR – Irene A. Machado (D226)
- O POÉTICO: MAGIA E ILUMINAÇÃO - Álvaro Cardoso Gomes (D228)
- O BILDUNGSROMAN FEMININO: QUATRO EXEMPLOS BRASILEIROS Cristina Ferreira Pinto (D233)
- O SUPER-HOMEM DE MASSA – Umberto Eco (D238)
- BORGES E A CABALA – Saúl Sosnowski (D240)
- MIMESIS – E. Auerbach (E002)
- MORFOLOGIA DO MACUNAÍMA – Haroldo de Campos (E019)
- FERNANDO PESSOA OU O POETODRAMA – José Augusto Seabra (E024)
- UMA POÉTICA PARA ANTONIO MACHADO – Ricardo Gullón (E049)
- AMÉRICA LATINA EM SUA LITERATURA – Unesco (E052)
- POÉTICA EM AÇÃO – Roman Jakobson (E092)
- ACOPLAGEM NO ESPAÇO – Oswaldino Marques (E110)
- O PRAZER DO TEXTO – Roland Barthes (EL02)
- RUPTURA DOS GÊNEROS NA LITERATURA LATINO-AMERICANA Haroldo de Campos (EL06)
- PROJEÇÕES: RÚSSIA/BRASIL/ITÁLIA – Boris Schnaiderman (EL12)
- O TEXTO ESTRANHO – Lucrécia D'Aléssio Ferrara (EL18)
- DUAS LEITURAS SEMIÓTICAS – Eduardo Peñuela Cañizal (EL21)
- OSWALD CANIBAL – Benedito Nunes (EL26)
- MÁRIO DE ANDRADE/BORGES – Emir Rodríguez Monegal (EL27)
- A PROSA VANGUARDISTA NA LITERATURA BRASILEIRA: OSWAL DE ANDRADE – Kenneth D. Jackson (EL29)
- ESTRUTURALISMO: RUSSOS x FRANCESES – N. I. Balachov (EL30)
- MITO – K. K. Ruthven (EL42)
- O MODERNISMO – Org. Affonso Ávila (ST01)
- MANEIRISMO – Arnold Hauser (ST02)
- O ROMANTISMO – Org. J. Guinsburg (ST03)
- DO ROCOCÓ AO CUBISMO – Wylie Sypher (ST04)
- O SIMBOLISMO – Anna Balakian (ST05)
- O GROTESCO – Wolfgang Kayser (ST06)
- RENASCENÇA E BARROCO – Heinrich Wölfflin (ST07)
- ESTUDOS SOBRE O BARROCO – Helmut Hatzfeld (ST08)
- PANAROMA DO FINNEGANS WAKE – James Joyce (Org. Augusto e Harold de Campos) (SIG1)
- KA – V. Khlébnikov (Tradução do russo e Notas de Aurora F. Bernardini) (SIG5)
- DOSTOIÉVSKI: PROSA POESIA – Boris Schnaiderman (SIG8)
- DEUS E O DIABO NO FAUSTO DE GOETHE – Haroldo de Campos (SIG9)
- A FILHA DO CAPITÃO E O JOGO DAS EPÍGRAFES – Puchkin/Helena S. Nazario (T003)
- TEXTOS CRÍTICOS – Augusto Meyer (Org. João Alexandre Barbosa) (T004)
- O DIBUK – Sch. An-Ski (Org. J. Guinsburg) (T005)
- PANORAMA DO MOVIMENTO SIMBOLISTA BRASILEIRO – Andrade Muricy - 2 vols. (T006)
- ENSAIOS – Thomas Mann (T007)
- CAMINHOS DO DECADENTISMO FRANCÊS – Fulvia M. L. Moretto (Org (T009)

LITERATURA NA PERSPECTIVA

A POÉTICA DE MAIAKÓVSKI – Boris Schnaiderman (D. 039)
ETC... ETC...(UM LIVRO 100% BRASILEIRO) – Blaise Cendrars (D. 110)
A POÉTICA DO SILÊNCIO – Modesto Carone (D. 151)
UMA LITERATURA NOS TRÓPICOS – Silviano Santiago (D. 155)
POESIA E MÚSICA – Antônio Manuel e outros (D. 195)
AS NARRATIVAS DE HUGO DE CARVALHO RAMOS – Albertina Vicentini (D. 196)
AS ILUSÕES DA MODERNIDADE – João Alexandre Barbosa (D. 198)
O HETEROTEXTO PESSOANO – José Augusto Seabra (D. 204)
A VORAGEM DO OLHAR – Regina Lúcia Pontieri (D. 214)
GUIMARÃES ROSA: AS PARAGENS MÁGICAS – Irene J. Gilberto Simões (D. 216)
BORGES & GUIMARÃES – Vera Mascarenhas de Campos (D. 218)
A LINGUAGEM LIBERADA – Kathrin Holzermayr Rosenfield (D. 221)
COLÔMBIA ESPELHO AMÉRICA – Edvaldo Pereira Lima (D. 222)
TUTAMÉIA: ENGENHO E ARTE – Vera Novis (D. 223)
O POÉTICO: MAGIA E ILUMINAÇÃO – Álvaro Cardoso Gomes (D. 228)
O BOM FIM DO *SHTETL*: MOACYR SCLIAR – Gilda Salem Szklo (D. 231)
O SUPER-HOMEM DE MASSA – Umberto Eco (D. 238)
BORGES E A CABALA – Saúl Sosnowskic (D. 240)
AMÉRICA LATINA EM SUA LITERATURA – Unesco (E. 052)
VANGUARDA E COSMOPOLITANISMO: O ANDRADE E O. GIRONDO – Jorge Schwarts (E. 082)
ACOPLAGEM NO ESPAÇO – Oswaldino Marques (E. 110)

QUE É LITERATURA COMPARADA – Brunel, Pichois, Rousseau (E. 115)
RELAÇÕES LITERÁRIAS E CULTURAIS ENTRE RÚSSIA E BRASIL – Leonid Shur (EL. 32)
A ARTE POÉTICA – Nicolas Bolleau-Despreux (Trad. e Notas de Célia Berrettini) (EL. 34)
O ROMANCE EXPERIMENTAL E O NATURALISMO NO TEATRO – Émi Zola (trad. e Notas de Célia Berrettini e Italo Carone) (EL. 35)
A PROPÓSITO DA LITERARIEDADE – Inês Oseki-Dépré (EL. 37)
LEÃO TOLSTÓI – Máximo Górki (Trad. de Rubens Pereira dos Santos) (EL. 39)
PANAROMA DO FINNEGANS WAKE – James Joyce (Org. de Haroldo e Augusto de Campos) (SIG. 1)
KA – V. Khlébnikov (Trad. e Notas de Aurora Fornoni Bernardini) (SIG. 5)
DOSTOIÉVSKI: PROSA POESIA – Boris Schnaiderman (SIG. 8)
DEUS E O DIABO NO FAUSTO DE GOETHE – Haroldo de Campos (SIG. 9)
MAIAKÓVSKI POEMAS – Boris Schnaiderman, Augusto e Haroldo de Campos (SIG. 10)
ANTOLOGIA DOS POETAS BRASILEIROS DA FASE COLONIAL – Sérgio Buarque de Holanda (T. 002)
A FILHA DO CAPITÃO E O JOGO DAS EPÍGRAFES – Puchkin/Helena S. Nazario (T. 003)
AUGUSTO MEYER: ANTOLOGIA DE TEXTOS – Org. João Alexandre (T. 004)
O DIBUK – Sch. An-Ski (Org. J. Guinsburg) (T005)
PANORAMA DO MOVIMENTO SIMBOLISTA BRASILEIRO – Andrade Muricy – 2 vols. (T. 006)
ENSAIOS – Thomas Mann (T. 001)
CAMINHOS DO DECADENTISMO FRANCÊS – Fulvia M. L. Moretto (org) (T. 009)
TERMOS DE COMPARAÇÃO – Zulmira Ribeiro Tavares (LSC)

Impresso na
press grafic
editora e gráfica ltda.
Rua Barra do Tibagi, 444 - Bom Retiro
Cep 01128 - Telefone: 221-8317